CHARLES MORICE

Eugène Carrière

L'HOMME ET SA PENSÉE. — L'ARTISTE
ET SON ŒUVRE. — ESSAI DE NOMENCLATURE
DES ŒUVRES PRINCIPALES

PORTRAIT D'EUGÈNE CARRIÈRE PAR LUI-MÊME
REPRODUIT EN HÉLIOGRAVURE

> Réalités ayant la magie du rêve.
> JEAN DOLENT.
>
> C'est la vie qui est le rêve.
> THÉODORE DE BANVILLE

PARIS
SOCIÉTÉ DV MERCVRE DE FRANCE
XXVI, RVE DE CONDÉ, XXVI

MCMVI

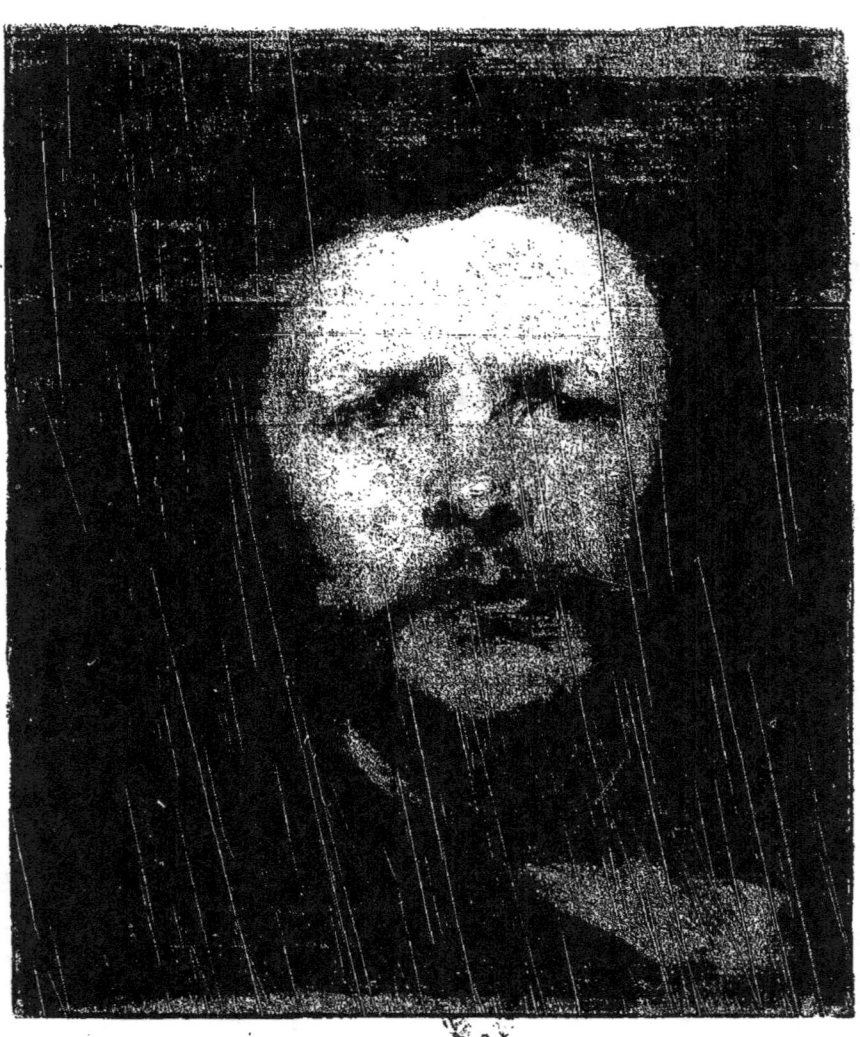

CHARLES MORICE

Eugène Carrière

L'HOMME ET SA PENSÉE. — L'ARTISTE
ET SON ŒUVRE. — ESSAI DE NOMENCLATURE
DES ŒUVRES PRINCIPALES

PORTRAIT D'EUGÈNE CARRIÈRE PAR LUI-MÊME
REPRODUIT EN HÉLIOGRAVURE

> Réalités ayant la magie du rêve.
> JEAN DOLENT.
>
> C'est la vie qui est le rêve.
> THÉODORE DE BANVILLE

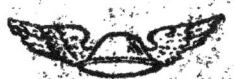

PARIS
SOCIÉTÉ DV MERCVRE DE FRANCE
XXVI, RVE DE CONDÉ, XXVI

Sur l'art d'aujourd'hui

Qu'un sculpteur refasse exactement le geste paternel c'est une nouveauté dont on ne se lasse de s'émerveiller. Que la pensée humaine revienne toujours semblable à elle-même c'est aussi l'étonnement et la joie des hommes. Que rien ne s'interrompe en avoir la preuve tous les jours par le lendemain assuré constitue pour l'humanité la certitude de la légitimité de tous les espoirs.

C'est ainsi que nous apparaissent les expressions d'art de tous les temps, de toutes les races, diverses dans leurs apparences, identiques dans leur essence, témoignage formel de l'universalité de l'âme humaine

Les instants de trouble et d'inquiétudes
sont les périodes de reconstitutions
les éléments se sont séparés ~~xxxxx~~
~~xxxxxxxxx~~ ils retournent à
la commune nature pour revenir au
foyer commun où tout fusionne dans
la flamme de l'enthousiasme
résultant des lentes et confuses préparations.
Dans l'absence d'un art collectif
le sens de l'art se continue dans
les individus Ils expriment
isolément jusqu'à l'instant où
la communion des hommes exige
l'unité des efforts dans une forme
totale qui les représente tous
c'est ainsi que se sont préparées
toutes les grandes époques du passé
L'Assyrie, l'Égypte, l'époque
gothique, etc. sont pleins de
la sève de la vie naturelle
~~xxxxxxxxxxxxxxxxxxxxxxxxx~~ dont
~~xxxx~~ glorifiant la semence.

Ce n'est donc pas une nouveauté
que d'aller puiser aux sources
mêmes de la nature. mais le
caractère d'une époque d'art
consiste précisément dans la forme
que donne à ces matériaux produits
de l'émotion admirative individuelle,
un besoin impérieux. pour les
hommes de réunir toutes leurs vertus
toutes leurs conquêtes. pour édifier
une figure définitive qui les
représente dans la plénitude de
leur conscience

Tout se trouve donc lié dans
le style d'une époque ainsi
chaque individu est un témoignage
de sa race. et de sa propre personnalité.
Notre instant est admirable
toutes les religions sont discutées
et jamais il n'y eut plus de Foi.
nous n'avons pas de style et nous sommes riches
d'artistes.

Jamais la douleur universelle
n'a [strike] ému l'âme humaine.
Jamais l'homme n'a appelé l'homme
d'une voix si pressante

[four lines struck through]

Les artistes d'aujourd'hui sont
pleins d'ardeur. Leurs recherches
sont souvent fébriles mais vivantes.
Tout est pour nous source d'espoir
Lorsque les fleurs sont pleines
d'abeilles la ruche est
proche.

Eugène Carrière

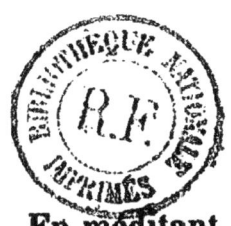

En méditant, à propos de cette étude, sur la pensée et sur l'œuvre de ce grand artiste, je me suis senti impérieusement appelé à développer dans leur logique enchaînée toutes mes certitudes et toutes mes espérances, esthétiques, sociales, humaines, pour les confronter aux siennes.

Car il n'est point de domaine de la vie où je n'entendisse retentir la voix puissante de cet initiateur, et chacune de ses créations commande l'avenue des méditations infinies. D'avoir connu l'homme, aussi, l'homme inoubliable — tous ceux qui l'approchèrent, aucun d'eux ne me contredira, gardent dans leur âme l'indélébile empreinte de la sienne — et de l'avoir aimé, je reste sans doute plus que d'autres averti des songeries familières à son esprit, de ses directions, de ses croyances, et j'en retrouve plus nettement le témoignage dans ses toiles. Elles n'en sont pas moins essentiellement, sans nul doute, des ouvrages plastiques. Personne pourtant, j'en suis bien sûr, personne, avec de l'intelligence et de la sensibilité, qui ne reconnaisse dans cette plastique l'opération d'un extraordinaire cerveau; personne sachant regarder qui n'y perçoive, en acte, le visionnaire de toutes les profondes réalités.

Si, pour ma part, je me défends contre la tentation qui multiplierait, lui céderais-je, ces pages au-delà du chiffre permis par telles convenances matérielles ou les conventions, je tiens pourtant à la noter, *comme un premier et significatif hommage;* il préviendra mes conclusions et les annoncera : de tous les artistes modernes, Eugène Carrière est celui qui exige, pour être compris et légitimement admiré, la plus nombreuse collaboration des activités humaines. Il parle à tout l'homme, comme il est lui-même, par son œuvre et par sa vie, une humanité totale; et à tout l'homme, si celui-ci sait l'entendre, il dit tout : exemplairement et dans les limites d'une destinée, par les moyens que la nature concède à chacun et dont la plupart mésusent ; exceptionnellement et pour toujours, par les ressources que le peintre trouve dans son art.

C'est là, je le pense, pourquoi il apparaît comme isolé et, en quelque sorte, hors cadre dans l'histoire de la peinture contemporaine. Sa simplicité, condition première de sa lucidité, son sens de l'unité et des passages, des analogies et des proportions, sa conviction instinctive et vérifiée de l'identité des lois de la nature et des lois de notre vie le préservèrent des erreurs et des mensonges qui compromettent tant d'éclatants efforts et mêlent dans nos esprits, devant des réalisations incomplètes ou excessives, à beaucoup d'admiration beaucoup de regret. Carrière sut le prix de la technique et qu'il importe de n'en rien ignorer : — d'abord, qu'elle n'est pas tout l'art.

Quelle conception de l'art fut la sienne et comment il la formula par l'œuvre, par la parole et l'écrit, dans un développement logique et perpétuel : voilà tout ce que je veux dire. Je ne puis me dispenser, pour le dire, d'évoquer l'homme auprès de l'artiste et du penseur, et si j'esquive — sauf ses dates essentielles, ses phases — une biographie dont les détails épisodiques, sans éclat par eux-mêmes, sont aujourd'hui partout, je m'efforcerai de pénétrer avec mon lecteur dans l'atmosphère sereinement agitée où s'enveloppait cette âme. Et je n'ai pas à souligner la douleur qu'une telle analyse comporte pour l'ami. La douleur grandit avec la justification de l'enthousiasme; mais amèrement l'ami se console par l'espoir d'aider les contemporains, et surtout ceux qui viendront, à comprendre, à mieux voir...

L'HOMME ET SA PENSÉE

I.

J'ai dans les yeux ineffaçablement l'attitude de Carrière au banquet qui lui fut donné, le 20 décembre 1904 (pour célébrer la vingt-cinquième année accomplie depuis celle (1) où, pour la première fois, une œuvre par lui exposée avait attiré l'attention des amateurs et du public) et surtout la façon dont il fit son entrée.

Nous étions là quelques cents, des lettres et des arts. Auguste Rodin présidait. Autour de lui, à la table d'honneur, avaient déjà pris place la nombreuse et belle famille d'Eugène Carrière et telles personnalités à merveille désignées par leur gloire, leur mérite ou leur fonction pour honorer le très haut artiste. Il se faisait un peu attendre; les regards ne convergeaient plus tous

(1) 1879, *la Jeune Mère.*

vers la porte, les conversations s'animaient, les voix retentissaient, gaies ou graves, et la vaste salle était toute vibrante, toute vivante. Enfin il fut là : sans que personne peut-être ne l'eût vu entrer, il avait déjà fait quelques pas. Les premiers convives qui l'aperçurent, apparition surgie, l'acclamèrent et il s'arrêta, saluant, souriant, très pâle, dans le bruit énorme des applaudissements. Puis, du regard il parcourut les longues tables, vit sa place vide à la droite de Rodin et s'y achemina, d'une démarche lente, hésitante,— certaine, en serrant successivement toutes les mains, en trouvant à dire à chacun, avec une admirable présence d'esprit et de cœur, un mot affectueusement approprié. Et quand il fut assis j'observai que jusqu'à la fin du dîner il ne cessa pas, tout en restant en relations par la parole avec ses voisins, d'être en relations aussi avec tous par les yeux, correspondant parfois d'un geste de la main ou d'un sourire avec un ami éloigné.

Et je sais pourquoi je garde avec tant d'intensité le souvenir de cet instant choisi, de ce banquet de gloire éclatante et de tendres et mélancoliques adieux ; c'est que j'y vois l'image parfaite de la destinée de Carrière et de son effort.

Il a fait aussi ses premiers pas dans la vie, ses premières œuvres, silencieusement : personne ne l'a vu entrer. Du reste, il n'avait, d'abord, par nul geste exceptionnel, extraordinairement requis l'attention des hommes, et ses premières œuvres par nulle monstrueuse précocité ne donnèrent à penser qu'un vivant d'autrefois venait de renaître, avec une éducation accomplie, avec une science totale au service d'une vision nouvelle ; Carrière a lentement fait sa propre découverte, il a passé par tous les degrés, sans en excepter un seul, pour s'initier à sa vérité personnelle, et cet esprit, de ceux en qui la voix de la nature devait retentir de ses timbres les plus clairs, procéda, comme la nature, par des conquêtes patiemment obtenues, par des passages docilement suivis et jamais interrompus. Dès le départ pourtant, il avait choisi son but et il l'avait mis très loin de lui : c'était là-haut, comme au banquet, à la première place, parce que c'est celle d'où l'on jouit le mieux du magnifique spectacle de la nature et du monde. Il y atteignit d'une démarche hésitante, en apparence, comme était sa parole, quand, en réalité, toutes deux procédaient d'une certitude sans défaillance; mais il ne voulait pas se hâter, crainte de perdre son temps, de manquer une occasion précieuse de s'instruire, de passer sans le voir un chaînon nécessaire dans la chaîne logique des êtres et de laisser d'irréparables lacunes dans l'éducation de son âme et de ses yeux. Il s'était mis en route avec une innocente curiosité, un amour infini de la vie, sans personnelle ou arbitraire préconception du beau. Il savait que tous les grands créateurs ont commencé avec la même ingénuité. Comme eux il croyait que tout est dans la nature et que *tout est à notre portée* (et ce mot que je souligne est de lui), que nos questions ne resteront pas sans réponse et que nous serons, nous-mêmes, toujours entendus, à la condition que nous sachions écouter, que nous soyons toujours prêts à écouter, car la nature, qui est partout elle-même tout entière, n'est nulle part négligeable, nulle part indigne de notre amour, nulle part stérile, et c'est donc qu'il faut tout aimer.

« Les formes, a écrit Carrière, qui ne sont pas par elles-mêmes, mais par leurs multiples rapports, tout, dans un lointain recul, nous rejoint par de subtils passages ; tout est une confidence qui répond à mes aveux, et mon travail est de foi et d'admiration. »

Qu'on me pardonne d'insister à l'excès sur le sens, en vérité, symbolique à mes yeux que prenait cette soirée de triomphe où je voyais le grand artiste s'en aller lentement vers la droite, place deux fois d'honneur, d'Auguste Rodin, en s'arrêtant à tous les pas, à tous les visages, en revenant souvent sur ses pas pour sourire à tel visage méconnu au premier regard. Oui, c'était bien ainsi qu'il s'était rendu compte, passant naguère ignoré, des êtres et des choses de la vie, dont il devait faire les héros de son œuvre ; dans cette circonstance solennelle — la dernière, pouvait-il croire, où il lui fût donné de rencontrer publiquement un grand nombre de vivants — comme dans la plus humble, un tel homme obéissait aux lois invariables et fécondes de sa belle fatalité, et je reconnaissais dans ses gestes mêmes la méthode d'un esprit habitué à chercher toujours le lien et le passage, à ne rien effleurer, épris d'union, d'unité, et qui voulait vivre pleinement, passionnément et avec une intensité consciente, chacun des instants de sa vie.

Et les traits aussi de cette énergique figure disaient clairement un homme qui avait voulu et su vivre — vivre sans cesse, pleinement et passionnément, complètement et souverainement.

Je ne sais qui d'oubliable disait, un jour, à Carrière :

— Vous n'avez pas à vous plaindre, vous êtes arrivé avant la moyenne.

— Je ne concourais pas avec elle, répondit Carrière ; et il éclata de rire, de ce rire à lui, si spécial, qui prolongeait sa parole en stridences étrangement saccadées.

Il ne fallait pas être grand physionomiste pour

voir que Carrière devait avoir élu très haut ses émules. Surtout dans les dernières années, il évoquait invinciblement les plus augustes, les plus redoutables ressemblances, et j'ai osé, de son vivant, écrire à propos de lui le nom de Beethoven. Je crois bien, en effet, que le musicien et le peintre étaient frères par l'ardeur de la tendresse comme dans la puissance de la création. Cette fraternité mystérieuse, lisible pour certains à l'évidence dans la stature et l'allure, dans la construction des traits de Carrière, est, d'essence, indémontrable, je sais bien; pourtant, on ne saurait rien objecter contre l'intuitive certitude que j'ai, maintenant, d'avoir connu Beethoven, et contre ce fait fortement significatif que, pour peindre Carrière aux amis futurs de son génie, s'ils sont curieux de connaître sa personne physique, mon moyen le plus sûr sera de susciter devant leurs yeux Beethoven, — en ajoutant : avec toutes les différences qui devaient, pour leur gloire à tous deux, séparer, si personnels l'un et l'autre, les représentants du même type. Si je ne parlais que des personnalités morales — et c'est bien, en effet, surtout d'elles que je parle, mais nous savons le prix aussi des relations d'une âme avec ses apparences — il ne serait pas compliqué de constater de saisissantes similitudes entre les caractères et les tendances de ces deux plébéiens également nobles, également indépendants et tendres, également inquiets de l'avenir de l'humanité et amoureux d'elle. Carrière retrouva le retentissement des Symphonies dans les prolongements ininterrompus de ses arabesques, et il n'est pas jusqu'aux prédilections de Beethoven pour les simplicités et les sentimentalités populaires, grandies, dont nous ne saisissions des équivalences chez le peintre des Saintes Familles Humaines, du *Théâtre* de faubourg et des *Fiancés*. Même un peu de germanisme apparaît chez Carrière, qui fait le demi du chemin à la rencontre des sympathies de Beethoven pour le génie latin, et tous deux sont les prophètes de la civilisation nouvelle issue des deux courants du nord et du midi, dont l'un porta la Réforme aux devants de la Renaissance pour que pût naître la Révolution ; tous deux sont les prophètes et les apôtres d'une humaine religion de la Vie, de l'Amour, de la Nature, qui des révélations de jadis ne se recommande pas et somme les vivants de trouver dans leur cœur le secret de l'héroïsme quotidien, sans autre récompense que la joie de la beauté et la gloire de l'idéal réalisé.

Mais je me garderai d'épuiser un parallèle qu'il eût suffi d'indiquer, et c'est Carrière — au moment de contempler sa pensée — c'est Carrière seul que je veux revoir, tel que le ramènent à l'essentiel de son apparition mes souvenirs recomposés.

Aux amis qui lui offraient le banquet dont je parle pour la dernière fois, il se manifesta dans une attitude de simplicité grandiose quand il se leva pour les remercier.

C'est au sentiment de la modestie, à la conscience de la proportion de notre rôle dans l'effort commun, que nous ramène une manifestation collective de sympathie.

Chacun avec raison vient réclamer la part qui lui appartient dans l'approbation qu'on donne à nos tentatives d'expression, et nous rappeler ce qu'une grande estime comporte de responsabilité. C'est dans la conviction profonde que rien n'est possible sans le secours de nos semblables que je remercie les amis absents, tous ceux qui m'ont témoigné au cours de ma vie affection et sympathie.

Affection et sympathie sont les sources fécondes de l'énergie de l'âme humaine. C'est par le premier geste de toute créature que nous est révélé le but de son existence. Qui ne se rappelle, tout enfant, avec quelle force irrésistible nous étions entraînés vers les êtres du même âge, le chagrin, l'étonnement si cruel d'être rebuté, et la joie au jour du bon accueil? Nous savons aussi combien il faut d'efforts et de méthode pour nous *séparer*, pour nous initier à la méfiance, à l'intérêt personnel, enfin pour nous contraindre à la triste défensive qui fait le tourment des hommes. Il faut passer la barre de l'âge de l'optimisme systématique et stérile, du scepticisme, cette forme du désespoir, pour retrouver le geste primitif et proclamer qu'en lui réside la vérité de la destinée humaine.

Mieux que personne l'artiste sait que l'homme ne vit pas seulement de pain : dans son désir de gloire, ce qu'il demande surtout c'est d'être compté au nombre de ceux qui travaillent à la communion humaine.

C'est nous faire tort à nous-mêmes que d'accuser l'homme aigri et chagrin de vanité et d'orgueil blessé. Son but était plus haut : l'estime qu'il nous demandait, il en savait le prix. La voie sacrée où surgit la figure passagère de l'homme que la fortune favorise est faite de la cendre des martyrs. Tout vit par la lumière, et c'est justement qu'on appelle le silence où languit une âme amoureuse des bruits de la gloire, obscurité. C'est une douleur qui ne connaît pas de consolation. — Pour me l'avoir épargnée, je dois remercier non seulement les artistes, mais tous les hommes qui représentent les formes différentes de l'expression de la pensée.

Jamais l'universalité de l'âme humaine ne fut pressentie avec plus de ferveur qu'aux temps modernes. Nous avons reconnu nos ancêtres à travers tous les âges et dans toutes les races. Leur pensée écrite, leur forme plastique nous paraissent familières à nos recherches, d'accord avec l'enthousiasme de nos espoirs. Les temps sont proches où les hommes n'accepteront plus qu'il existe une chose dans la nature qui leur soit étrangère ou qui puisse les diviser.

Je salue, avec une joyeuse confiance dans les temps nouveaux, tous ceux qui se préparent à cette belle aurore de la fraternité humaine dans l'égalité des hommes.

La tendresse raisonnée des croyances, l'accord d'une pensée lentement et sûrement mûrie avec une parole improvisée, l'énergie qui s'affirme dans des habitudes d'expression comme ce

« C'est » initial répété au commencement de plusieurs phrases de ce discours, spécifient l'éloquence de Carrière ; et nous retrouvions les mêmes caractères sur son visage pendant qu'il parlait.

Je crois que je serai d'accord avec la plupart des témoins de sa vie en disant que le signe le plus distinctif et le plus émouvant de ce visage était *l'ardeur*, l'inextinguible, réchauffante et illuminante ardeur. Une volonté toute-puissante la disciplinait, mais on sentait que la flamme menaçait sans cesse de s'échapper. Et par instant il semblait que le visage tout entier fût une flamme. Elle se tordait aux boucles drues de la chevelure, elle éclatait dans les yeux. Les yeux de Carrière! Je les ai vus, moins dans la discussion que dans la méditation brève d'où allait jaillir sa parole, briller d'une lumière inconnue, éblouissante, presque effrayante. « Foyer spirituel », cette vieille association de mots se rajeunit pour dire les yeux, le regard de Carrière. On avait, en effet, à le considérer dans la minute où visiblement affluaient en lui les pensées, la sensation qu'on fût au bord d'une source d'initiales ardeurs, d'un foyer de rayons primitifs. Le large et calme front, seul lieu paisible de ce visage agité, rappelait à quelle puissance de concentration obéissaient cette ardeur et cette force, et, plutôt qu'un élément de la la nature, suggérait un type essentiel, exemplaire et suprême d'humanité. La bouche, amoureuse avec un pli d'ironie, avouait de longues souffrances ; sans doute avaient-elles été nécessaires et, sans elles, l'homme supérieur n'eût pas atteint au degré éminent de sa personnalité.

Lui-même, et mieux que personne, il connaissait le prix de la douleur. Il disait volontiers que le malheur de presque tous les hommes vient d'un malentendu entre eux et la vie : « Il faut consentir à la vie. » Comment pourrions-nous rejeter le mal et retenir le bien ? Ils ne sont pas séparables. Comme dans les plans de la nature visible et superficielle rien n'est isolé, de même dans les plans de la nature sensible, et aussi de la nature morale. On n'invoque point ici la résignation, mais la compréhension, l'intelligence.

La douleur est au principe de la vie : que pouvons-nous contre cet enseignement de l'universelle expérience? Nous pouvons ceci : l'accepter, et, sachant que partout il y a la souffrance et au bout de tout la mort, sans que pourtant nulle part la terre et la vie soient stériles de joies, mais que la souffrance et la mort conditionnent ces joies, être attentifs, tâcher de pénétrer ces lois terribles et douces de notre destinée qui sont les lois de la nature tout entière en son immensité, qui font l'harmonie des mondes et nous soumettre volontairement, consciemment — ce n'est point là geste d'esclave — à l'ordre naturel. Seule doctrine productive de bonheur et aussi de vertu.

On dira que c'est la vieille philosophie stoïcienne : « Vivre conformément à la nature. » Oui, et Carrière se vantait d'être « l'obligé de Marc Aurèle ». Mais j'ose l'affirmer, il pénétrait plus profondément que les philosophes de l'école stoïcienne et, penseur illuminé par les rayons de la Beauté et de l'Art, plus lucidement qu'aucun philosophe dans les mystères de la nature physique et morale, en proclamant ce grand principe de *l'unité des plans*, de *l'identité des lois* qui régissent les trois règnes — et celui de l'esprit. Il donnait de la vérité cette définition : « L'universalité des rapports », et il m'écrivait : « Les hommes n'ont de la vérité, c'est-à-dire de l'universalité des rapports, que des preuves très rares ; c'est parce qu'il a le pressentiment de cette universalité que l'homme est un être perfectible. » — Il ne faut pas confondre, soit dit en passant, l'idée de perfectibilité et celle de progrès ; Carrière ne croyait pas au progrès : « Depuis que l'homme a pris conscience de lui-même et compris qu'il est un être sociable, l'histoire ne nous rend compte d'aucun progrès accompli par lui : quel art, par exemple, a jamais progressé ? » Mais l'homme est perfectible en ce sens qu'il peut être ramené de l'erreur à la vérité, c'est-à-dire, théoriquement, à la conception de l'universalité des rapports et, pratiquement, à l'union des forces.

II

Nous verrons, quand nous parlerons particulièrement de l'artiste, comment il interpréta par l'œuvre la doctrine du penseur, et peut-être conclurons-nous qu'il en signifia la portée en excédant souvent, sinon les limites techniques, les moyens « providentiels » de son art, du moins l'objet propre de cet art. Pour l'heure, c'est la doctrine même que je voudrais préciser, la doctrine d'un artiste qui ne la professa jamais, dépassant de toute une stature supérieurement humaine les chaires où l'on professe, mais qui ne cessa de *l'agir* : et si intime, en effet, était l'union, la fusion de l'artiste et du penseur avec l'homme que, pour faire entendre ceux-là, de si ample envergure, je sens la nécessité de montrer d'abord celui-ci, de si pure essence.

N'oublions pas — apprenons-le aux aveugles et aux sourds, ses contemporains, comme aux vivants futurs, plus dignes de nous entendre — que Carrière fut un Homme, dans le sens large et complet, absolu, si rare donc, de ce mot sacré. Penseur, poète, orateur, écrivain, il était tout cela, — et il transposait des dons multiples dans le domaine étendu d'un art plastique : « L'amour des formes extérieures de la nature est le moyen de compréhension que la nature m'impose. »

Cet amour n'échappa jamais à l'emprise de la pensée, ou plutôt cet amour et cette pensée ne faisaient qu'un. Cet amour éclairait cette pensée, cette pensée contenait cet amour et lui servait de régulatrice. Mais il était aussi une grande harmonie vivante, générale, et il savait, toujours fidèle à cet amour et à cette pensée, proportionner ses gestes aux êtres, pour dégager d'eux le meilleur d'eux-mêmes, aux circonstances pour y puiser, positives, un enseignement, ou, négatives, pour les gouverner.

Si j'étais mis en demeure d'exprimer en le

moins possible de syllabes mon admiration pour Carrière, je dirais : « Il avait le sens des proportions », et par là je croirais définir tout à la fois la magnificence et la délicatesse de son œuvre, la splendeur morale, l'élégance et la simplicité de sa vie, la noblesse et la force de sa pensée.

Le sens des proportions, c'est, n'est-ce pas, le sens de l'unité harmonieusement variée, des flexions de la ligne jamais interrompue et jamais monotone, le sens des flexions de la vie. Le bonheur de cet artiste et son privilège furent de percevoir, à la fois dans les domaines physique, intellectuel et moral, cette loi d'harmonie, ses principes et ses multiples effets. Il y pressentit aussitôt le fond et le cadre d'une œuvre immense et une règle de vie assurée, pour tous et pour lui-même. L'expérience de l'homme et de l'artiste, la lecture, la méditation corroborèrent la divination, et Carrière, après une période d'hésitation à laquelle il devait moins que tout autre échapper, — car elle marquait son passage entre la foule d'où il venait et le sommet d'où il devait indiquer l'orient à la foule, — entra jeune encore dans une période de consciente possession de la vérité qui fit de lui l'admiration, l'appui et le recours de ses innombrables amis, qui eût dû désigner en lui l'un entre les plus précieux et solides conseils du monde, comme à sa propre création elle ouvrait, dans toutes les patries spirituelles et plastiques où la nature invite l'humanité à témoigner de son génie, des champs illimités : sa laborieuse énergie y eût pu trouver l'emploi — selon une parole célèbre — de « plusieurs réitérations de l'existence ».

Il paraît mystérieusement vrai que la production d'un de ces hommes que nous nommons « exceptionnels » et qui sont en réalité typiques, c'est-à-dire supérieurement normaux, — mais « normal » ne fut jamais synonyme de « commun », et c'est leur logique absolue qui confère au génie et à la beauté leur foncier caractère de singularité, — coûte des siècles à la nature. Elle a le temps, elle en est prodigue. Elle procède à la façon d'un sculpteur qui, rêvant son chef-d'œuvre, multiplie les maquettes, sur celle-ci étudie uniquement, pousse et pour bien le connaître exagère tel trait de la figure cherchée, sur celle-là tel autre, et puis, après de longs tâtonnements, fait enfin la somme de ses efforts, sacrifie, équilibre, ajoute, retranche, harmonise : la statue est! — La nature a fait des essais successifs pour parvenir à Eugène Carrière.

Elle convergea vers lui deux lignées de modestes professionnels de l'art et de la science. Son grand-père et son grand-oncle paternels étaient, le premier, peintre, le second, professeur de dessin au collège de Douai; son grand-père maternel était médecin. Le sixième enfant d'une famille qui en compta sept (1), de l'exemple de ses parents il apprit de bonne heure les difficultés immédiates, matérielles de la vie; elles gênèrent tout d'abord et même refrénèrent longtemps l'expansion de ses désirs d'art, de beauté, d'expression, personnels ou hérités des ascendants.

Du reste, Carrière lui-même ne se connut pas,

---

(1) M. Gabriel Séailles a noté ces détails biographiques dans son volume sur *Eugène Carrière, l'homme et l'artiste* (Edouard Pelletan, Paris).

ne s'atteignit pas tout de suite. Il ne fut pas précoce. Sans doute, à Strasbourg où résidaient les siens, il suivit les cours de l'académie et régulièrement chaque année obtint tous les prix. Mais ni lui-même, ni son père — lequel était hostile à ces études artistiques — ne prêtaient assez d'importance à ces succès pour y voir les indices, les promesses d'une belle carrière de peintre, et le jeune homme ne discuta pas l'arrêt de ses parents quand ils l'envoyèrent à Saint-Quentin faire l'apprentissage de je ne sais plus quel métier dans quelle manufacture.

Seulement, à Saint-Quentin, il y avait La Tour et, devant ces portraits, si brillants et si profonds, d'artistes et de grandes dames, de philosophes et de grands seigneurs, devant ces œuvres d'un si puissant constructeur et d'un si pénétrant visionnaire, Carrière apprit mille choses que ses maîtres de l'académie ne lui avaient pas enseignées, que ses propres réflexions l'avaient préparé à comprendre. Quand, fort peu de temps plus tard, il vit pour la première fois les tableaux du Louvre, il se sentit irrésistiblement et définitivement appelé. Devant Rubens (et je reviendrai sur ce fait significatif), Carrière se décida.

Je ne m'arrête pas à dire les longues années de misère qu'il traversa, ni à les déplorer. Il fallait que Carrière connût toute la vie ; les heureux risquent de l'ignorer : la nécessité le contraignit à la regarder et à la voir. Il la vit sous ses aspects les plus banalement cruels et les plus tragiquement émouvants, — à Paris, où il subit l'apprentissage de l'école des Beaux-Arts (atelier Cabanel), — en Saxe, où il fut prisonnier (1870), s'étant engagé pour la durée de la guerre, — à Paris encore, où il reprenait ses études interrompues et se mariait (1877), — à Londres, où il « acquit », l'ajoutant à La Tour et à Rubens, Turner, — et de rechef à Paris pour mener le grand combat, et vaincre.

Les principales dates de sa vie, signalées par des œuvres, sont : 1879 et la *Jeune mère allaitant son enfant*, 1884 et l'*Enfant au chien*, 1885 et l'*Enfant malade*, 1886 et le *Premier voile*, 1887 et le *Portrait du sculpteur Devil-*

les ; enfin l'année 1889, sans voir les résistances désarmer, bien au contraire! sonne la première heure de victoire décisive. Carrière avait quarante ans.

« Je me trouvai alors, a-t-il dit, après une vie si obscure et silencieuse, en contact avec les hommes qui, dans ma toute jeunesse, m'avaient paru à jamais loin de moi. J'étais déjà trop meurtri par la vie, déjà trop avancé en âge et trop spécialement façonné par l'isolement, pour pouvoir me fondre dans ce nouveau milieu, mais j'eus la satisfaction de me voir exprimer de la sympathie par des hommes dont je n'aurais pas osé l'espérer. »

Cette modestie pourra paraître excessive. Elle est sincère, le fait d'un esprit qui ne se trompe ni sur lui ni sur les autres, et il y a plus d'étonnement que d'humilité dans cette constatation de l'assentiment des contemporains à sa propre pensée. Carrière connaissait les conditions d'existence que la société présente, si peu curieuse de beauté, fait d'ordinaire aux poètes, aux artistes. Il savait que la voie où il s'était engagé pouvait, logiquement aurait dû le conduire aux pires désastres. N'avait-il pas multiplié autour de lui les dangers, — matériellement, homme sans fortune et chargé de famille, spirituellement, artiste épris du plus élevé, du plus austère idéal? Et il se rendait justice sans clémence : malgré la vaillance acharnée de son effort, s'était-il depuis si longtemps élevé à la pleine conscience de sa propre pensée, à la pure contemplation, à l'absolue possession de son idéal? Quand on s'est senti appelé au rôle de révélateur et quand on a fait le périlleux projet de répondre à cet appel, encore faut-il, pour obtenir les admirations nécessaires, les avertir par des signes incontestables : y avait-il si longtemps que Carrière méritait les suffrages désirables? Et combien les ont mérités aussi qui ne les obtinrent jamais! Comme, d'autre part, il ne pouvait solliciter l'enthousiasme des sots de l'Académie ou du monde, il avait accepté dès le premier jour la désolante probabilité de l'isolement, de l'injustice et de l'ingratitude. C'est donc avec une entière bonne foi qu'il admirait l'heureux tour de sa fortune, la bonté du hasard : un exilé trouvait une patrie dans le lieu même de son exil et ses frères le reconnaissaient ! Mais comme l'exil était inique et comme la méconnaissance, si elle s'était prolongée, eût été monstrueuse, Carrière donne à sa surprise une expression modérée, où je retrouve la mesure, le tact délicat et parfait qui devait, quinze ans plus tard, à l'heure du triomphe le plus éclatant, ramener sa pensée vers les obscurs, les dédaignés, les méconnus, dont « la douleur ne connaît pas de consolation », et lui conseiller de leur faire, par un geste sublime, hommage de sa gloire.

En 1889, je viens de le noter, il s'en fallait que la victoire obtînt l'universel consentement. Sans doute l'artiste, proposé pour une médaille d'honneur, décoré, pouvait désormais considérer l'avenir avec confiance. Des amitiés, plus précieuses que toutes distinctions, des amitiés enthousiastes et fortes lui étaient venues, dont plusieurs, illustres, avaient de loin devancé, appelé l'heure de la justice.

Elles témoignent d'une connaissance approfondie déjà au cours d'années, d'une sympathie assidûment renseignée, ces lignes que Jean Dolent a écrites dans *Amoureux d'Art* et qui doivent être citées ici : « Eugène Carrière compose du premier au dernier coup de pinceau, cherche des accords dans la nature et, fort de son pouvoir d'affirmer ce qu'il aime, il produit !

« En évolution toujours, le peintre croit à ce qu'il va dire, il n'y croit déjà plus pleinement quand il le dit. Carrière exprime ce que je sens, il montre l'objet même de mes constantes tendresses : des Réalités ayant la magie du Rêve. »

Dès 1879, Roger Marx avait su voir la *Maternité* que je signalais tout à l'heure ; l'admiration du critique pour l'artiste date d'alors ; on sait qu'elle fut fidèle. — Et Maurice Hamel, et Gustave Geffroy, et Gabriel Séailles... Le cercle d'intelligences éclairées dont Carrière, des années durant, devait être le centre, était constitué ; il allait s'élargir.

Mais dans le même temps s'organisait contre cette gloire naissante le parti du dénigrement.

Il ferraille aujourd'hui encore. Ce persistant acharnement ne trouble pas les admirateurs de Carrière, et plutôt les rassurerait-il s'ils avaient conçu la moindre inquiétude sur l'avenir de son œuvre et de son nom. L'état actuel du goût et de l'esprit, aussi bien chez les artistes en général que dans l'énorme masse du public, ne permet pas d'espérer qu'un grand peintre, à la fois fortement personnel et hautement traditionnel, obtienne sans longs combats la définitive unanimité des suffrages. Que ces combats n'aient pas été interrompus par la disparition physique du héros qui les suscitait, c'est le plus sûr gage de la vitalité de sa pensée. Ces contestations signifient, je veux le croire, la gêne que cause à des intelligences non initiées, mais désireuses et par l'inquiétude averties, une présence réelle. Habituées à se contenter de quarts de vérité perçus dans le demi-jour par des yeux entr'ouverts, elles restent éblouies un temps et comme aveuglées devant l'éclatante lumière qu'occupées ailleurs pendant que s'assemblaient ses rayons elles n'ont pas vue naître. Il ne leur suffira pas longtemps, on peut l'espérer, de se réfugier dans des négations hargneuses et absurdes ; elles ne se refuseront pas toujours à des joies qui sont de fécondes occasions de développement. Que si, par une lamentable disgrâce, leur incompréhension restait sans remède, ce cas exceptionnel n'apparaît pas contagieux ; il suffit de feuilleter les pages des critiques, les seuls compétents, des poètes, les plus pénétrants — de Goncourt à Dolent, d'Anatole France à Hamel, de Verhaeren à Mithouard, de Roger Marx à Fontainas, de Geffroy à Mauclair, de Séailles à Lecomte, d'Armand Dayot à Sarradin, d'Elie Faure à Gabriel Mourey, de Jules Rais à Tristan Klingsor, de Quillard à Saunier...et faut-il invoquer le témoignage d'un maître comme Auguste Rodin ? — pour s'assurer qu'au regard de l'avenir, dans ce cortège de témoins de son génie, les détracteurs de Carrière seront, tous, comme s'ils n'avaient jamais été.

Ce n'en est pas moins un intéressant chapitre de l'histoire de l'art à la fin du xixe siècle — j'oublie ce qu'il peut garder d'actuel, je vise le

passé seulement — qu'on ouvrirait sous ce titre :
Les Ennemis de Carrière. On y rencontrerait
tous ceux qui ont parlé d'art sans intuition ou
sans tendresse, sans émotion, quelques personnes de l'Institut et leurs amis dans la grosse
presse, un bon nombre de chroniqueurs bien
parisiens et la plupart de ces reporters qui font
de la critique d'art par ordre, la rubrique manquant d'un titulaire représentatif. Quant il
devint trop clair qu'à persévérer plus longtemps dans l'injustice on se donnait un brevet
de sottise, plusieurs de ces messieurs se reprirent et chacun d'eux mit à cette volte-face
toute l'adresse qu'il avait. A quoi bon les nommer ?

Ce qu'il importe de constater, c'est que le
bataillon des opposants se constitua précisément dans le moment où commençait à poindre
la gloire certaine, précisément en cette année
1889 où l'artiste pouvait se promettre d'accomplir son œuvre avec sécurité. D'alors datent les
critiques depuis reprises en chœur et en refrain :
le brouillard ou la fumée, les monotones répé-

titions, le manque de coloris, la tristesse, l'imprécision, la recherche du bizarre, la rupture des « Saines Traditions », la méconnaissance des règles, etc. — J'aurai l'occasion de revenir, mais je n'y insisterai point, sur *tout cela*, quand je parlerai de l'œuvre. En passant seulement je note cette *réponse* faite par Carrière lui-même et pour ses amis :

... L'évolution de mon esprit se fit au milieu de *tout cela*, ajoutant une chose à une autre, amenant la découverte de lois qui se complétaient entre elles. Toujours je me refusai à donner dans mon œuvre une chose dont je n'étais pas très sûr, je répugnai à tromper par l'apparence d'une force que je ne possédais pas véritablement. Je compris un moment — lorsque accusé de faire toujours la même chose — que changer signifiait grandir, et que, mieux comprendre, ce serait aussi comprendre plus de choses. Je trouvai la correspondance des formes du paysage avec les figures, l'unité du principe des formes ; j'en eus un grand bonheur. Je sentis ma conception s'élargir. Rien ne m'était plus étranger, et en voyant une chose, une forme, je sentais les autres s'y fondre en la complétant. Cette idée me dirigea et me dirige de plus en plus, elle me fit voir que tout avait été juste dans ma vie, et je me sentis plus de forces. Je compris que, si le public n'avait pas été prêt, c'est que je ne l'étais pas non plus, et que les choses fortes et simples veulent être dites fortement ; que c'est long, très long, jamais abouti ; je sais maintenant que la vie est une suite d'efforts, continués par d'autres plus tard. Cette idée m'encourage, puisqu'elle laisse tout en travail et en action et que seule la pensée d'arriver à un fin est triste (1).

Carrière ne se préoccupa guère des critiques hostiles. Y songeait-il, pourtant, — je ne sais — en écrivant ces mots que je retrouve dans un de ses cahiers de notes : « Œuvre d'affirmation, elle ne doit provoquer que des affirmations. La critique est ici bannie, inutile, mauvaise et troublante. La discussion éloigne et obscurcit la cause en question. » — Cette note du moins explique à merveille l'attitude qui fut toujours celle de l'artiste devant la contradiction ; il n'argumentait pas contre elle, les débats extérieurs ne l'intéressaient pas, il réservait jalousement toutes ses forces au service de son esprit en quête de la grande découverte des

(1) Paroles citées par M. Gabriel Séailles.

vérités, ce sont les mêmes, de la vie et de l'art, — et l'année qui signala l'aurore de sa renommée fut marquée aussi par un redoublement d'effort.

Et il défendait sa paix studieuse contre la curiosité du monde, sans faillir toutefois aux devoirs exceptionnels que l'autorité de la gloire et la possession de riches certitudes imposent, mais goûtant ses meilleures joies à suivre sur les visages aimés qui l'entouraient l'évolution de la vie, en marquant les phases et les passages dans ces portraits sans cesse repris et avec le temps développés — répétés, non pas! — de sa femme et de ses enfants, où l'on voit se développer tout ensemble avec une harmonie supérieure, chez l'artiste et dans ses modèles, la consciente joie de créer et la joyeuse conscience de vivre.

Combien de fois a-t-on écrit que Carrière s'était résigné à prendre pour modèles les membres de sa famille parce qu'il n'en avait, au début, et n'en pouvait point avoir d'autres! Il aurait obéi au conseil inexorable de la misère. Cette explication, encore plus offensante pour l'artiste lui-même que pour ses chers modèles, est surtout erronée. Il n'en coûte pas beaucoup plus d'installer un chevalet, soit devant les mirages du rêve le plus chimérique ou même le plus fastueux, soit devant les spectacles de la rue ou des champs, que devant les réalités intimes de la vie familiale. Et qui eût empêché Carrière de se procurer l'illusion du lointain ou du pittoresque, avec les éléments vivants dont il disposait, en les reculant de lui et de l'heure par ce subterfuge de draperies et d'ornements dont usent tant d'autres artistes et qui fut, par exemple, la constante pratique de Rembrandt? — Non, il n'y eut pas de fatalité malheureuse et de résignation dans cette assidue complaisance de Carrière à peindre et à repeindre avec un studieux amour des êtres dont la vie tenait de si près à la sienne : il y eut choix, et ce choix fut dicté par le plus lucide et le plus bel instinct.

Dès le premier jour il avait pressenti combien serait difficile à formuler la pensée subtile et haute que sa mission était d'atteindre, — cette universalité des rapports où se révèlent « les causes profondes de la vie », — et il savait que, pour concentrer utilement son esprit sur cet objet, son premier soin devait être de s'épargner toute occasion de distraction, de dispersion; l'universalité même du secret qu'il cherchait n'était du reste pas pour l'induire en expéditions lointaines; ce mystère de la vie est partout, ses péripéties infinies tiennent dans la plus étroite chambre, et c'est en lui-même que l'artiste, plutôt encore que dans ses propres enfants, eût voulu le percevoir et l'étudier. Mais la passion de la recherche, en crispant ses propres traits, eût pu le décevoir, lui cacher le miracle de la vie ordinaire, tandis que ces visages familiers à son regard et naïvement ouverts lui donnaient et l'assurance nécessaire, et le recul dont il avait besoin. L'accident du temps et le pittoresque de l'espace étaient bien étrangers aux conditions de ce recul qui précisément avait pour but et pour effet de projeter la nature, vue par l'artiste, hors de l'espace et du temps, c'est-à-dire dans la vérité universelle, dans l'atmosphère (peut-être voit-on ici se lever la brume, la fameuse brume tant reprochée à l'artiste) où les êtres, en se dérobant au mensonge de l'apparence, affirment leur réalité dernière et trouvent l'harmonie et l'unité. Voilà les causes solides du *choix* que Carrière a fait d'abord d'un *leit motiv* auquel, et ce point « historique » ajoute aux raisons pures un argument de fait et sans réplique, il s'est tenu jusqu'à la fin et sans que les changements heureux pussent l'en détourner. Loin de là ! il semblait, à mesure que sa vérité personnelle l'illuminait de clartés toujours plus significatives, et tandis que s'amélioraient les conditions extérieures de sa vie, se prendre avec plus de passion aux sujets qui, le rejoignant aux profondeurs de ses tendresses, suscitaient en lui les plus ardentes émotions spirituelles et sentimentales. Il avait besoin de se sentir relié à ses modèles par un intérêt intense, d'esprit ou de cœur, et ce besoin trouvait sa justification dans un égoïsme sublime : pour procéder plus vite et plus outre dans son magnifique voyage perpétuel de découverte à travers l'âme humaine, l'âme nue, multiforme, infinie, l'artiste voulait, chaque fois, que les préliminaires de l'épisodique effort fussent dépassés, éliminés, abolis, grâce à la complicité d'une sympathie dès longtemps réciproquement accordée ; elle peut seule permettre au regardé de se livrer sans crainte, au regardeur de voir, si son regard est lucide : dès que la confiance est acquise, loin de se dissimuler la vérité intime ne demande qu'à se donner. Carrière n'a pas fait le portrait d'un homme, d'une femme, qu'il n'aimât ou n'estimât point, et ceux pour lesquels il avait un sentiment particulier d'affection ou d'admiration, il les a repris à des dates diverses, ne pouvant se détacher d'eux, s'interdire la joie de les accompagner du témoignage de son développement parallèle au leur.

Dans cette sphère, restreinte, immense, des prédilections que lui désignait aux fins de rares et parfaites harmonies sa nature propre, Carrière, délibérément, a de plus en plus précisé ses recherches. Comme les savants, il a fini par faire le départ entre le connaissable et l'inconnaissable. Il pensait qu'on doit pardonner aux êtres très jeunes de dédaigner ce qu'ils peuvent atteindre, de nourrir le rêve exclusif et chimérique de l'inconnu, de l'inouï, du nouveau, mais que cette erreur, excusable, charmante, peut-être nécessaire chez les enfants, perd sa grâce chez les hommes et peut leur devenir fatale. Seulement, d'une part, ce n'est pas avec la main qu'il faut rêver de toucher même aux choses les plus proches, et, d'autre part, ce n'est trop des trois quarts de la vie pour apprendre par quels moyens il nous est permis de percevoir l'insondable profondeur de l'atmosphère où nous nous mouvons communément, les correspondances qui font que le plus petit espace est sans bornes : quand on a fait ce long apprentissage, on s'attend à trouver l'au-delà dans le tout-près, l'au-delà humain, veux-je dire, et Carrière exprimait ainsi cette pensée : « Ce qu'on découvre en dernier lieu, c'est ce qui nous a été, pendant toute la vie, le plus proche. »

Autour du centre, toutefois, qu'il avait élu dans son intimité, rayonnaient les grandes œuvres.

Aux Maternités, aux portraits, également innombrables, s'ajoutaient de vastes compositions, expressives et décoratives, comme le *Théâtre de Belleville*, la *Vision de Paris*, le *Christ*, les *Fiancés*, l'*Etude de la Nature*, les *Figures des Sciences* (écoinçons pour l'Hôtel-de-Ville de Paris), les lyriques et religieuses *Figures nues*, très nombreuses, et, multipliées aussi, les variations sur le thème du *Baiser*.

Je ne puis faire l'histoire de tous ces tableaux et ce serait pourtant la seule biographie de Carrière. Les événements de sa vie sont uniquement les manifestations de son talent et de sa volonté; autant de batailles et, dans la poussière soulevée par l'enthousiasme et le dénigrement, autant de victoires, en définitive, au regard de l'histoire, comme, dans l'évolution progressive de sa personnalité, autant de périodes de développement acquises et dépassées.

III

Mais Carrière avait le sens de responsabilités supérieures, et il ne refusait pas à ses contemporains « ce qui se doit d'un visage au temps », comme a si délicieusement dit Mallarmé. Dans le silence général des authentiques directeurs du monde, qui sont les poètes, et contre la proverbiale et fausse croyance que les artistes correspondent par leur production à des besoins secondaires et de luxe, qu'il leur faut servir le goût du public et se soumettre à ses exigences, ce peintre qui pensait protesta :

« — Nous sommes des initiateurs, et non pas des serviteurs ! »

Voilà, typique, l'éclair spirituel dans sa forme verbale, tel qu'il définit et, maintenant, reconstitue Carrière pour tous ceux qui l'ont entendu. Ce n'est jamais un « mot ». Nous connaissons, de, par exemple, Degas, des mots, qui sont incisifs et fins, quelquefois spontanés, calculés à l'ordinaire, et toujours méchants, aux dépens de quelqu'un, réduits à lui et sans portée générale ; inutile de les citer, ce ne sont que des mots. De Carrière, nous avons des « paroles ». Elles ne sont jamais contre tel ou tel, ne visent personne ou, si elles consentent à des dehors, brusques, de rosserie, elles ont, du moins, toujours pour objet d'éveiller la vérité endormie. On en rencontrera quelques-unes au cours de cette étude.

Il ne s'en contenta pas. A plusieurs reprises, il intervint, détenteur de vérités certaines et précieuses, pour les dire, au plus bref, avec toutefois les développements essentiels qu'elles appelaient. Nous retrouverons plus tard ceux de ces discours, recueillis, quelques-uns publiés, qui concernent l'art. Tout de suite, de ceux où il exprima sa doctrine générale, humaine, je ferai quelques extraits : on y apprendra mieux que par tous commentaires à connaître « l'Homme et sa Pensée ».

Naturellement, et comme il est rationnel et légitime, c'est de l'art que l'artiste, dans ses professions de foi sociales, procède et se recommande. Persuadé que rien n'est isolé dans la vie, que les lois esthétiques doivent être en harmonie absolue avec les lois morales comme elles le sont avec les lois physiques, ou plutôt que les unes et les autres se confondent en une loi unique, circonstanciée selon le point de vue d'où on l'étudie, assuré de connaître les lois d'expression de la beauté qui comportent « le respect de la proportion des volumes et des valeurs, le sens de leur proportion d'intérêt par rapport à l'ensemble », il déduit de ces principes avec une logique invincible que le bonheur comporte de même un respect analogue de la proportion des valeurs et des intérêts de notre vie morale, et il supplie les hommes de se rappeler que les triomphes de la force matérielle, que les réalisations extérieures de la science et de l'industrie, que l'honneur même du travail, condition seconde de l'existence et de la dignité, sont de peu de prix, comparés aux éléments de notre vie intérieure, au premier rang desquels il faut mettre le Sentiment. Et, réclamant pour ses pairs le rôle d'initiateurs à cette vérité primordiale : « Ce sont, dit-il, les philosophes, les savants, les poètes, que nous avons élus à cette mission de nous garder le vrai sens de la vie et de rendre, par l'éloquence que confère un don privilégié, des aspects nouveaux à des vérités immortelles dont le sens a été obscurci en nous par des formules trop longtemps répétées. Comme nous usons nos plus chères parures, ainsi nous deviennent étrangères, par un usage que l'attention n'accompagne plus, les paroles les plus belles, et nous nous déclarons sans foi lorsque le verbe antique ne nous émeut plus. Reconnaissons donc aux artistes cette mission d'initiateurs aux vérités permanentes : car c'est l'art aussi, et peut-être surtout, — puisque cette expression des sentiments humains ne peut se soustraire à la nature, — c'est l'art qui renouvelle le verbe en découvrant toujours à nouveau les origines de nos émotions. C'est à lui qu'il appartient de nous ramener au sens des intérêts réels de l'humanité et de nous émouvoir par des formes d'expression en rapport avec notre être d'aujourd'hui. »

Doctrine très simple et très forte : l'artiste demande, AIMER ET PENSER étant le but double et unique de la vie, que les hommes fassent à l'Amour la première place dans leur activité générale et demandent les lumières de l'esprit à ceux dont la destination est de vivre, surtout, par l'esprit. Sur ces grandes vérités, dont la méconnaissance produit tous les désordres qui nous désolent, Carrière revenait sans cesse dans ses entretiens familiers. Il les a développées dans plusieurs discours, notamment dans celui qu'il prononça au Trocadéro : « Pour les Victimes de la guerre russo-japonaise » et que je veux qu'on trouve ici tout entier. La foi en la jeunesse, la revendication du droit pour l'artiste — un droit, ou un devoir? — d'intervenir en qualité d'homme et d'artiste à la fois dans les choses de la vie publique pour y projeter le rayonnement des certitudes que mit dans son esprit la Nature, la protestation contre la violence, n'ont jamais été exprimées, que je sache, avec une ardeur plus émouvante :

Ce sera l'honneur de notre temps d'avoir connu à un si haut degré la compassion, la pitié, de n'avoir voulu ignorer aucune souffrance humaine, et de n'avoir cessé de collaborer au triomphe du sentiment sur les préjugés des opinions. — La solidarité humaine fut la pensée idéale de tous les temps ; elle est le fond unique de toutes les religions, de toutes les philosophies. L'humanité n'a cessé de lui demander ses plus hautes raisons de vivre. Nous savons le nombre infini de ses martyrs et ses triomphes sur la barbarie. Sa vérité nous est affirmée par le geste premier de toute créature, par la confiance absolue de l'enfant à qui la possibilité de la violence n'a pas encore été révélée, par la foi ingénue de la jeunesse, cette foi qui nous permet les efforts enthousiastes les plus féconds, jusqu'à l'instant où la fausse expérience nous affirme que la confiance et la foi sont des illusions. Avec quel amer sentiment de déchéance le jeune homme abandonne ce bel état de son âme pour ce qu'on appelle la pratique réelle de la vie ! Est-il possible que cette période de l'âge héroïque, que tout homme *nouveau* doit *revivre* comme un héritage sacré et qu'il doit reconquérir dans l'âge mûr s'il ne veut pas mourir désespéré, soit victime de vaines illusions ? L'âge de la fatigue et de la mort peut-il affirmer à l'âge créateur qu'il se trompe ? — Non. Tout nous est une preuve que la solidarité humaine est sûrement le but véritable et définitif de la destinée humaine. Il n'est plus au pouvoir de personne de se désintéresser de l'angoisse universelle. Savants, poètes, artistes se retrouvent dans l'unité du but commun et sont d'accord pour réprouver l'outrageante opinion qui sépare l'homme de sa profession : est-ce donc interrompre son activité que d'en rechercher la signification ? L'artiste ne quitte pas son œuvre lorsqu'il désire connaître à quelles nécessités humaines elle correspond ; plus il aura conscience des êtres et des choses, plus ses moyens d'expression prendront d'éloquence. — La nature n'apparaît pas à l'artiste comme un magasin d'accessoires appropriés aux arguments des opinions, mais comme l'objet même de son interrogation. C'est elle qui nous enseigne et nous révèle notre identité absolue avec elle.

Partout s'affirme l'unité de l'univers. Que, selon les continents, la mer soit bleue, verte ou grise, elle n'est jamais qu'un seul et même élément. Un peu plus ou un peu moins de soleil ne change pas le cœur de l'homme. Que notre parole soit rapide ou lente, nos gestes plus ou moins vifs, notre couleur plus ou moins foncée, en quoi le but de la destinée humaine devient-il différent ? La naissance, l'amour, la souffrance, la mort sont les conditions naturelles de toute humanité — et l'uniforme poussière réunit les races et les nationalités disparues.

Une seule lumière, une seule matière, une seule humanité, une seule raison : voilà ce qu'enseignent à l'artiste le fleuve qui va vers la mer, l'infini de l'horizon et un univers sans limites. Tous les éléments du monde se rejoignent dans son équilibre ; toutes les humanités doivent se rejoindre selon la loi de l'harmonie. L'histoire de l'évolution humaine serait incompréhensible sans cette nécessité dont notre être sent l'absolue vérité. C'est pour retarder cette communion que le désaccord s'est installé dans le cœur des hommes, que le sentiment de la conservation personnelle a prévalu sur le sentiment de la conservation de l'espèce, l'intérêt particulier sur l'intérêt général. La souffrance est partout : dans le désespoir agressif du pauvre comme dans la déception des riches que la fortune contraint à la défensive, — et c'est l'honneur de la nature humaine de ne pouvoir jouir d'une sérénité exceptionnelle.

Il appartient aux artistes, qui voient de si près les hommes, de se refuser à la complicité de la grande infortune afin de triompher de l'ignorance et de la violence qui produisent le meurtre individuel et la guerre, ces deux formes de l'abandon de la raison.

Attitude, paroles admirables, le retentissement naturel de la compréhension de la vie qu'affirmait l'homme en son privé et l'artiste dans son œuvre.

IV

Que l'équilibre, l'harmonie, l'unité soient le trait le plus évident de la personne et de l'art de Carrière, nous devions nous y attendre, la doctrine qu'il n'a cessé de professer nous le promettait, et il est de tous les artistes peut-être le seul auquel nous serions en droit de ne pardonner aucun discord, aucun désordre. Mais il a poussé cette constance du caractère jusqu'à la plus héroïque bravoure, simplement, quotidiennement, dans ses moindres comme dans ses grands gestes, et c'est par là que se montre l'être à part, doué pour une mission, dédié à l'exemplaire fonction humaine, incapable de dissimuler son rang, suprême, et de manquer à sa destination, sublime. Le dernier épisode de sa destinée, cette agonie debout, si longue, manifesta d'éblouissante manière, même aux yeux les moins clairvoyants, la grandeur de cette âme, et peut-être ne serait-il pas inutile — mais je n'en trouve pas le courage — d'insister sur le rôle extraordinaire que joua, trois années durant, un homme séparé d'avance des vivants, en quelque sorte, par un mal qui ne pardonne jamais, dont il pouvait lui-même apprécier les progressifs ravages : il ne manifesta la certitude qu'il avait de sa fin prochaine que par un désir toujours plus intense de produire des œuvres et de parler aux hommes, — de propager les vérités dont le génie et l'amour lui avaient fait la confidence.

Mais dès les premiers efforts, dans des circonstances qui, pour être moins tragiques, étaient toutefois singulièrement difficiles, n'affirma-t-il pas la même ardente et persévérante résistance aux dépressions de la peine et à toutes les conditions négatives de la destinée ? N'avait-il pas, une fois première pour jamais, mis la barre de sa volonté sur la vie et calculé de combien d'infinitésimaux efforts est faite la victoire définitive ? Aux camarades de l'école, qui parlaient toujours de « soulever des montagnes », il répondait que « les montagnes sont faites de grains de sable »; il savait ce qu'il faut de patience, d'assurance et de force pour entasser les uns sur les autres ces grains de sable impondérables et en faire des montagnes. Dans une pensée voisine, nous l'avons, plusieurs, entendu dire cette parole, si suggestive dans son expression pittoresque, et si profonde : « Il est plus difficile d'être pacifique pendant toute une vie que de mourir sur une barricade ; *on tient moins longtemps la pose* devant les fusils... »

Il tint la pose, lui, sans relâche et sans défaillance. Il accepta, il voulut toutes les charges, tous les obstacles, confiant dans la double vertu d'un patient enthousiasme, — et il les voulut parce que charges et obstacles comme joies et victoires sont parts intégrantes de la vie et parce qu'il voulait vivre pleinement et entièrement sa vie. — La volonté de vivre et le choix de l'idéal qui suscite la volonté, l'énergie de vivre et le consentement aux conditions inéluctables contre lesquelles cette énergie s'efforcerait en vain, se briserait : il avait ces grands secrets, il savait les répandre. Il proclamait hautement que la foi en l'universalité de l'âme humaine et en la continuité de l'espèce, unie à l'amour des hommes, est l'élément essentiel de toute vie, individuelle ou collective. Il ajoutait, en conséquence de ces principes, qu'il faut surtout se préoccuper des enfants, tout sacrifier au libre développement de leur personnalité, — (« Les enfants sont presque toujours beaux et les hommes presque toujours déchus; pourquoi? je pense qu'on n'a pas permis aux enfants de regarder en eux »), — qu'il faut à tout prix leur épargner la violence, que la dignité, la justice, le bonheur du monde sont compromis par l'outrage ou les coups, iniques toujours, dont l'enfant est victime.

Un journal socialiste ayant institué une enquête sur le point de savoir si les prolétaires ne pourraient et ne devraient pas assurer la paix du monde en refusant leur concours économique aux fauteurs de guerres, Carrière interrogé répondit (1) :

(1) Réponse restée jusqu'à ce jour inédite.

L'intérêt économique ne suffit pas pour éteindre la violence dont le désir de domination des hommes nous fait souffrir ; il faut des raisons plus hautes que l'intérêt matériel, puisque les individus sacrifient journellement cet intérêt à leurs passions. Le prolétariat a un moyen immédiat de travailler à la paix du monde; c'est de renoncer à la correction brutale et à l'injure aux enfants.

Ne frappez pas, n'injuriez pas vos enfants ! —Ces mots devraient être inscrits dans toutes les maisons, dans toutes les écoles. C'est dans la famille que se cultive la violence et que le prolétaire se prépare à l'esclavage. C'est cette misérable hérédité d'un droit paternel sans contrôle qui nous prépare à l'obéissance absurde et à « la résignation des coups »— à l'Ecole, à l'Usine, à la Caserne, et finalement à la boucherie en masse des champs de bataille. C'est parce que les hommes aiment leurs enfants comme les bêtes aiment leurs petits qu'ils ne se révoltent pas contre les abattoirs. Qu'ils les aiment et les estiment comme on doit aimer et estimer son propre avenir; sa pensée la plus élevée, qu'ils les admirent même comme les consciences futures de temps plus justes, et ainsi leur consentement au sacrifice suprême exigera des raisons aussi hautes que celles au nom desquelles ils auront vécu, et transmis et enseigné la vie.

Depuis des siècles les hommes se rendent les coups

qu'ils ont reçus, enfants. Que l'homme individuel renonce à la violence et à la brutalité de la parole et du geste quotidiens, et il échappera aux violences collectives, qui sont les résultantes collectives des injustices individuelles.

Protéger la jeunesse contre la violence qui la dégrade à ses propres yeux et l'accoutume à toutes les servitudes, certes, l'œuvre est belle ; défendre les jeunes gens contre l'abus qu'ils pourraient faire de la liberté, contre cette autre violence dont ils seraient à la fois les auteurs et les victimes, les avertir qu'il est un jour dans la vie où l'homme fait, s'il le veut, son destin, et que ce jour est le leur, les aider, en un mot, à connaître cette réalité unique : l'Idéal, c'est mieux encore. — Cette partie positive de la religion humaine, Carrière l'a condensée en quelques lignes, parmi les plus belles qu'il nous ait laissées :

Je voudrais dire combien belle et générale se présente à mon esprit l'idée de la jeunesse, l'âge sacré pour l'homme, celui qu'il regrette à tout jamais d'avoir méconnu. C'est l'instant où l'homme est en accord absolu avec la jeunesse éternelle de la nature, où l'énergie créatrice domine son être et lui fait de l'héroïsme une vertu familière.

Dans ce moment si beau et si court, l'homme est maître de son destin. *Il peut vouloir la recherche de sa propre nature, découvrir son image dans ses semblables, jouir de la connaissances des causes profondes de la vie,* ou se complaire à la satisfaction passagère des apparences.

La lassitude et la tristesse des voyageurs des mauvaises routes nous disent que partout se trouvent la souffrance et la mort.

Que du moins notre souffrance ait une raison haute et généreuse. Qu'elle soit la préparation aux beaux lendemains.

Les Poètes ont le sens du vrai chemin, ils savent les réalités invisibles que la vie nous dévoile au cours de notre labeur. Dans nos mains d'enfants ils mettent un mystérieux miroir dont les profondeurs confuses nous charment. A la fin de la journée tout se précise. Notre âme rejoint son image. Que notre effort nous prépare à la joie d'une ressemblance désirée !

Comment dignement insister sur la beauté de cette page ? Je cherche en vain son équivalent, sur ce thème, chez les poètes et chez les philosophes. Peut-être Michelet nous a-t-il parfois, en

ses meilleures heures, fait entendre la résonnance
de la même bonté expérimentée, prévoyante et
sage. Mais Michelet n'a pas connu cette ardeur
concise, cet accent « d'un être dont l'âme est
déjà à demi dans l'universel et qui sait avec certitude que toutes les choses sont autrement plus
simples et plus grandes que tout ce que nous
imaginâmes d'elles (1) ». La forme et le fond
sont ici inséparables, et la fougue contenue de
l'esprit se communique à l'expression par ces
successifs bondissements ajoutés, qui semblent
laisser entre eux du silence et comme du blanc
où visiblement vibrent toutes les couleurs de la
pensée. Il faudrait des pages de commentaires
pour développer dans leur signification totale
ces quelques lignes, synthèse de toute une doctrine lentement méditée, constamment approfondie : quelques lignes — les vérités précieuses
doivent être dites sans insistance — et le secret
de la destinée y tient : « Vouloir la recherche de
sa propre nature, découvrir son image dans ses
semblables, jouir de la connaissance des causes

(1) M. C. Jean Aubry.

profondes de la vie. » — On souhaiterait que cette petite page fût affichée dans les écoles, expliquée aux élèves et qu'ils l'apprissent par cœur. Peut-être ne la comprendraient-ils pas entièrement tout de suite; à coup sûr, ils la retrouveraient plus tard dans leur mémoire, et qui sait? assez tôt pour s'épargner « la lassitude et la tristesse des mauvaises routes », assez tôt pour se préparer « à la joie d'une ressemblance désirée ». Du reste, est-il jamais trop tard? Carrière lui-même, dans une autre page ici déjà citée, ne parle-t-il pas de la nécessité pour l'homme de reconquérir, dans l'âge mûr, *l'âge héroïque*, la jeunesse, s'il ne veut pas mourir désespéré? Ce n'en est pas moins à la jeunesse réelle, à la « Sainte Jeunesse » dont parle Baudelaire, que l'artiste dédie sa plus passionnée sollicitude et parle ce langage de douceur armée, d'énergie attendrie, ce langage d'un prophète.

Et quelle religion lui enseigne-t-il?

V

Par quel parti-pris aveuglés, des esprits pourtant avisés, à l'ordinaire, ont-ils prétendu retrouver dans l'œuvre ou dans la pensée de Carrière le fonds chrétien ?

La religion de Carrière, c'est le culte de l'humanité consciente de sa propre nature et consciemment obéissante aux lois de la nature universelle ; ce culte, le substrat éternel de toutes les religions précises. Le polythéisme et le christianisme s'y rencontrent dans ce qu'ils ont d'essentiel et de vrai. La science y peut conclure avec eux la désirable alliance. Ils en renaîtront (1), sous des formes imprévues et qui sont le secret des siècles. Mais quoi de chrétien,

(1) « Car les Dieux ne sont morts que dans le cœur des hommes... »

d'exclusivement chrétien dans cette exaltation de l'héroïsme vital, dans ce conseil à chacun de chercher sa vérité, sa vérité individuelle et le lien qui l'unit à ses semblables sans le confondre avec eux, et sans toutefois lui permettre sa propre et pleine connaissance dans l'interruption des lignes, dans l'isolement des âmes?

La tendresse dont cette doctrine irrésistiblement nous persuade, comme d'un instinct raisonné, comme d'un devoir premier où nous goûtons notre joie la meilleure, ne dément point, j'en conviens volontiers, le conseil évangélique de nous aimer les uns les autres, — et comment refuser de le constater et de l'admettre comme une date, un état historique de la certitude foncière, inhérente aux lois essentielles de notre vie et dont l'homme, nulle part, n'a jamais été privé? — mais elle le dépasse en ceci qu'elle est sa propre fin, qu'elle ne sollicite pas une ultérieure récompense. Ni pour vivre longuement, ni dans l'espoir de contempler sans fin la vérité divine, mais afin d'être des hommes et de posséder tout de suite la vérité, il faut nous entr'aimer, parce que l'Amour est le signe humain et parce qu'il n'y a pas d'autre vérité que l'Amour; c'est lui, le Verbe éclairant tout homme venu dans ce monde.

Plus volontiers que le mot « amour », Carrière disait : sentimentalité : « Restituons, a-t-il écrit, à ce mot si beau, *Sentimentalité*, toute sa haute et heureuse signification. »

Ce vocable n'est pas en faveur et le langage courant l'a déshonoré; on l'a donné pour synonyme à « sensiblerie »; à presque tous les esprits il suggère une nuance méprisable de mensonge ou d'affectation. Il n'avait pas à l'origine cette acception péjorative, et la décadence de ce mot est d'autant plus déplorable qu'il est sans analogue dans notre langue où seul il désignait la sensibilité morale, l'état, la disposition des âmes singulièrement élues pour l'action ou la passion d'aimer. La décadence des mots ne va guère sans la décadence des idées qu'ils signifient. Il n'est pas très surprenant que, dans un temps de violence, d'égoïsme et de lâcheté, le signe verbal des propensions à la bienveillance et à l'affection — elles exigent tant de calme courage! — ait pris au regard du vulgaire une couleur ridicule. Avec la divination qui était le caractère constant de son esprit, Carrière tenait compte de l'action hypnotique, s'il est permis d'ainsi dire, exercée par les mots sur ceux qui les profèrent. Et n'est-il pas, en effet, bien certain que, si nous parvenions à dépouiller le mot sentimentalité de toute nuance fâcheuse, s'il devenait difficile d'exprimer « l'affection feinte », « la comédie du sentiment » autrement que par le détour de beaucoup de syllabes ou par un mot nettement niais, nous échapperions aux dangers qui menacent le mot « sentiment » (et l'idée !), trop voisin du mot sentimentalité pour ne pas être compromis par la déchéance de celui-ci?

Tout ce qui est du domaine de l'affection, de la tendresse, de l'Amour, devrait nous être sacré, puisque c'est dans ce domaine, le plus élevé des nôtres, que nous pouvons atteindre l'expression supérieure de la vérité humaine, et puisque c'est de ce domaine que cette vérité peut rayonner sur la vie. Il faut reconnaître le fait d'une humanité trompée, la plus grave erreur de proportions, dans cette ironie qui s'attache, sous de fausses couleurs de pudeur et de délicatesse, aux expressions de la plus humaine énergie des hommes, à l'énergie d'aimer, et qui nous invite à « sourire autour » de notre plus certain motif de vivre. Et nous le savons pourtant bien tous que, par ces pratiques, nous nous mentons et que les fautes du cœur n'en restent pas moins celles dont nous souffrons le plus (1)...

Carrière — je m'arrête délibérément à ce point culminant de sa pensée — somme donc la jeunesse de connaître sa dignité réelle en étudiant les causes profondes de la vie. Qu'est-ce que cette leçon ? une vibration chrétienne ? ou, bien plutôt, l'écho de la sagesse antique ? C'est cela, en effet, mais c'est davantage aussi, et c'est mieux; j'y perçois la réponse si vaste, encore élargie et

---

(1) Il est assez remarquable que la psychologie, ne pouvant éviter les idées représentées naguère par le mot sentimentalité, ui a substitué « affectivité »; ce néologisme sans grâce consacre avec la complicité des savants la déchéance du mot qu'il remplace seulement dans la phraséologie scientifique.

toutefois précisée, de Gœthe aux questions de l'inquiétude moderne : « Tâche de te comprendre et de comprendre les choses. » — « Réponse étrange, disait Taine, qui ne semble guère neuve, et dont on ne connaîtra la portée que plus tard. »

Ce *plus tard* est l'heure de Carrière, et c'est la nôtre.

Taine pensait que les hommes de sa génération pouvaient tout au plus guérir leur intelligence malade du mal du siècle; mais, ajoutait-il, « nous n'avons point de prise sur nos sentiments ». Carrière est devant nous l'exemplaire accompli de l'homme en possession et de la vérité et de la sérénité, de l'homme maître de son intelligence et de son cœur, et qui connaît entre ces deux parts de son être une harmonique hiérarchie. Il estime que les voies du sentiment ne sont négligeables ni pour atteindre à la vérité ni pour la communiquer; que la vérité est le trophée personnel de chacun, qu'à cette conquête l'homme ne peut négliger d'employer toutes ses forces, mais que son intérêt le plus vital est de consulter, en chaque circonstance, d'abord les intuitions de la tendresse, qu'il est perdu s'il sacrifie — surtout dans sa jeunesse — sa sensibilité à son intelligence, — que la principale de nos préoccupations doit être celle de la succession ininterrompue des générations, et que dans cette préoccupation même — laquelle, loin de se borner à de froides spéculations théoriques, doit s'exalter sans cesse d'un ardent désir de collaborer pratiquement, activement au bonheur de l'humanité — consiste, avec le plus noble, le plus utile, le plus essentiel emploi de la sensibilité, le vrai sentiment religieux : « Tout homme qui sent en lui profondément la continuité de l'espèce est un esprit religieux, c'est-à-dire qu'il a le sens du lien qui relie toutes choses. »

Je sais bien par où ces fécondes affirmations rencontrent les conclusions de la science moderne. Tout de même, je ne crois pas utile d'appeler Darwin à l'aide, ou Lamarck, pour sanctionner et authentiquer cet évangile révélé à un artiste par l'admiration de la nature et par le sens, il y faut toujours revenir, des proportions, comme par la secrète et invincible séduction qui lui prescrivait de choisir, dans l'immense trésor, tels éléments, « au profit de son idéal », et de rejeter tous les autres.

Nous verrons tout à l'heure Carrière distinguer la méthode artistique de la méthode scientifique et repousser l'intrusion de celle-ci sans l'art. Mais, disons-le pour notre compte, en principe et philosophiquement, l'autorité de la science, qu'elle nie ou corrobore les conclusions des poètes et des artistes, ne refuse ou n'ajoute à leurs certitudes qu'un témoignage précaire et dangereux, puisqu'il est destiné à d'incessantes revisions. La rigueur même des déductions scientifiques, au nom de laquelle le chimiste ou le physicien nous donne d'une façon si catégorique les résultats de ses travaux pour des vérités désormais incontestables, ne saurait apaiser nos inquiétudes, bien qu'elle nous inspire le plus grand respect pour la bravoure et la sincérité du savant : cette rigueur, qui est la condition première de la science, ne l'a jamais empêchée d'errer, son histoire est une suite admirable de magnifiques méprises, et le réel intérêt d'un effort scientifique n'est pas tant, il s'en faut, dans les conclusions — provisoirement définitives — de cet effort que dans la qualité du savant qui l'entreprit et dans l'*hypothèse* qui l'aiguilla vers sa découverte ; c'est assez pour entraîner notre enthousiaste gratitude s'il a enrichi le monde d'un nouveau geste de génie. Au rôle d'arbitre suprême il faudrait d'autres titres. Que Copernic, Newton, Lamarck ou M. Berthelot, entre le pessimisme sublime d'un Vigny, devant la nature, et l'héroïque optimisme d'un Carrière, choisissent, et se rangent à l'avis de ce dernier, leurs suffrages restent ceux d'hommes exceptionnels, que les objections d'autres hommes d'égal mérite pourraient contrebalancer. L'autorité infaillible que les chrétiens reconnaissaient à la Révélation, du moins immuable, ne saurait être attribuée à la science, changeante. D'autre part, le problème de la vie morale, non plus que celui de l'expression esthétique, n'est pas susceptible de démonstration mathématique ; il est autrement mystérieux et délicat que le plus subtil problème d'astronomie ou de chimie. Et d'ailleurs, à bien y regarder, il y a moins de distance entre les pensées de Vigny et de Carrière qu'entre les théories d'un Copernic et d'un Newton. — Nous déclinons, pour la poésie et pour l'art, les bénédictions que les savants s'arrogeraient le droit de leur donner, comme seraient non avenus le blâme et la condamnation. Nous croyons la poésie et l'art plus nécessaires à la vraie vie, à la vie morale du monde, que toutes les sciences exactes. Enfin, nous pensons que, si un poète — ou un artiste — et un savant prononcent tous deux ces mots : « La connaissance des causes profondes », sous les mêmes syllabes ils n'entendent pas les mêmes choses.

Un esprit comme Carrière n'a pas la curiosité spéculative et désintéressée. C'est un homme d'initiative, une volonté en action, en création. Le désir de connaître les causes se confond chez lui, par un point, avec son besoin de révéler les effets qu'elles produisent sur son âme, et trouve une autre impulsion dans la nécessité, à laquelle le conduit sa personnelle logique, de convaincre les hommes par des raisons universellement persuasives. Ce grand esprit est supérieurement positif et pratique. En possession de *sa* vérité, dominé par elle, il veut subir en commun avec tous cette domination, parce que la qualité de cette vérité est telle qu'en se propageant elle se fortifie et devient, à chaque nouvel adepte, *davantage la vérité*; parce que cette vérité est d'ordre général. Chercher l'accord de l'homme avec la nature, voilà le but; or, la nature est, d'essence et d'éternelle évidence, créatrice, et c'est cette énergie sublime, cette fécondité inépuisable qui fait la divine beauté à laquelle tout homme qui pense répond irrésistiblement par l'admiration et par l'amour. Carrière n'aime tant la jeunesse des hommes que parce qu'il la sent « en accord absolu avec la jeunesse éternelle de la nature ». — Accusera-t-on de faiblesse sentimentale celui qui apostrophe avec une si généreuse vaillance l'héroïsme et demande aux jeunes hommes d'en faire leur vertu familière ? A cette seule condition ils rempliront le mandat qu'ils ont reçu de la nature et qui est, à son exemple, de collaborer par l'incessant emploi de la force à la création. Mais comment le pourraient-ils faire si ce n'est, à son exemple aussi, en cherchant, par le geste qui relie toute vie à toutes les autres vies, leur image dans leurs semblables? si ce n'est en épanchant sans cesse — « les urnes d'amour dont leurs grands cœurs sont pleins »?

Cette obéissance — ou ce retour à la nature, que cent ans après un autre penseur de génie, avec autant d'ardeur et de profondeur, prêchait Carrière, mais sur un autre ton — le conduisait donc par des chemins logiquement inévitables à prêcher en outre l'union des hommes sous la direction des « sensibilités renseignées » dont la mission est de les initier — non par de froides leçons, mais par l'action — aux vérités permanentes, et de leur rappeler les vraies proportions de valeur et d'intérêt de notre vie morale.

VI

Je ne puis oublier, tout en m'excusant de parler de moi ici, qu'amené par des méditations du même ordre aux mêmes conclusions j'eus le grand honneur d'être le collaborateur de Carrière dans une tentative — interrompue, non pas abandonnée — où nombre de nobles esprits possédés des mêmes vérités nous rejoignirent.

Témoin désolé de la tristesse du monde moderne, convaincu que cette tristesse a sa cause principale dans la dispersion qui caractérise et condamne notre société et qui fait qu'un être humain est, en ce temps, voué à la solitude dans la foule humaine, je pensais depuis longtemps qu'il est du devoir des poètes et des artistes, des « Initiateurs », de combattre à la fois cette tristesse et cette dispersion en faisant un signe clair, un signe tendre et joyeux de ralliement. Sans méconnaître que le mal dont nous souffrons, cette monstrueuse dispersion des croyances et des forces, a des causes matérielles et économiques, historiques et anciennes, sans me leurrer de l'espoir que l'union immédiate, si elle était réalisable, pût avoir la vertu d'effacer les traces sanglantes encore des luttes d'hier et d'autrefois, de stériliser les causes du mal, je me persuadais du moins qu'on n'arriverait jamais à une solution heureusement pratique si précisément on attendait, pour tenter d'y atteindre, d'avoir tari les sources de division et de douleur; qu'on pouvait beaucoup espérer du rapprochement des hommes en des instants consacrés à la célébration de leurs meilleurs motifs même de vivre, — tout espérer de l'amour de l'homme pour son enfant, c'est-à-dire de sa foi instinctive et invincible en l'avenir, — à la condition qu'on sût invoquer à propos et plausiblement ces sentiments générateurs de toute grandeur et de toute bonté ; surtout j'avais foi en la force de l'exemple et, tenant pour certain que le rôle naturel et social du poète est celui d'un ordonnateur de fêtes, je voyais un puissant levier moral, une indication providentielle, dans ce fait que le poète — ou l'artiste — en donnant l'exemple d'accomplir sa fonction, en correspondant à son devoir, suscitait par là même en les satisfaisant les besoins immenses de joie qui peuvent sommeiller un temps — s'anéantir? jamais — au sein des foules. Et, pour réagir contre la tristesse et contre la dispersion, j'en étais venu à la certitude que nous devions proposer au peuple et aux pouvoirs publics des Fêtes — des Fêtes Humaines.

On n'attend pas que j'entre dans le détail d'un projet qui nous intéresse seulement, ici, dans la mesure où il comporta l'assentiment et l'intervention de Carrière.

Dans une réunion nombreuse d'amis — écrivains et artistes — j'eus l'occasion de développer le thème que je viens d'indiquer. Nous nous rappellerons toujours avec quel magnifique élan Carrière se leva pour m'approuver, m'appuyer et nous adjurer de donner une suite effective aux enthousiastes résolutions d'un soir. Un comité fut constitué, dont Carrière accepta la présidence d'honneur, et, quelques jours plus tard (1), nous publiâmes une sorte de manifeste où nous exposions nôtre désir, ses motifs, où nous disions, notamment :

Les hommes de pensée ne recherchent dans leurs œuvres qu'un moyen de se relier à tous les temps et à tous les hommes. Ils veulent dérober leurs travaux aux fugitives impressions de l'instant. C'est dans le même désir qu'ils convient leurs concitoyens à célébrer les actes décisifs de l'existence. Par delà les divergences légitimes des opinions, condition indispensable de l'équilibre social, il faut des heures de trêve où les citoyens se reconnaissent frères d'une même race, fils d'une même patrie, où le sentiment qui les réunira aux jours de péril ou de désastre les retrouve dans l'affirmation pacifique de l'espoir, nourri du labeur de tous. Nous rejetons en conséquence toute idée d'hostilité ou de négation; nous ne sommes contre aucune confession religieuse ou politique. Notre pensée est toute morale et consiste simplement, fraternellement, à inviter tous ceux qui ont le pouvoir de réunir les citoyens à rechercher avec eux des raisons toujours nouvelles de se réconforter en

(1) Le 17 juillet 1905.

commun au profit d'une foi active dans l'œuvre de tous... Les sciences, les lettres, les arts, qu'avec raison nous pensons tenir une si grande place dans notre pays, n'ont aucune fête, aucune occasion forte où ils puissent affirmer leur unité. Ceux qui représentent ces formes de la pensée se trouvent séparés (en dehors des liens que crée entre eux leur travail même), sans joies communes. C'est par l'exemple de cet isolement si misérable que nous pouvons apprécier la douleur des autres groupes sociaux, dispersés eux aussi...

Ni Carrière ni moi ne pouvions ignorer les difficultés de toutes sortes qui devaient entraver notre initiative. A une époque où les hommes ont pris l'habitude, et s'y sont résignés ! de ne plus guère se réunir qu'autour des gamelles et aux guichets des banques et des gares, nous n'attendions pas que notre proposition « humanitaire » fût accueillie par une sympathie universelle. Les ironies, qu'en certains milieux, en certains journaux on nous prodigua, prévues, ne nous attristèrent même pas. Le but seul nous intéressait ; nous pensions que notre rôle se bornait, provisoirement, à l'indication précise de ce but, soit que l'occasion dût nous être offerte, plus tard, d'y revenir, soit que d'autres après nous, avec des forces nouvelles, avec plus d'opportunité peut-être, et en bénéficiant de notre indication, reprissent l'œuvre par nous commencée. Il importait surtout de ne pas compromettre l'idée par des appels au public indiscrètement réitérés. Nous constations sans étonnement, sinon sans chagrin, la disproportion de notre désir et de notre puissance. Là-dessus l'événement ne nous apprenait rien. Par le fait même que notre action supposait, appelait, nécessitait de nombreux concours, nos responsabilités personnelles se trouvaient, d'autant, dégrevées et dégagées. Et nul ne sait de quoi sont faites les réalisations considérables, de combien d'essais, tous en apparence négatifs, résultent les plus positifs effets, combien il faut de tâtonnements inglorieux pour atteindre à la gloire, c'est-à-dire — créateur, pour faire entre la lumière du monde et celle qu'on apporte dans sa propre poitrine l'accord nécessaire, ou — pensée, idée, pour se concilier l'ensemble de circonstances favorables qui permettent le passage de l'abstrait au concret. L'important est que la vérité nous trouve toujours prêts à la servir, sans illusions qui nous laisseraient vainement meurtris, mais sans fausse ou proverbiale prudence. Gardons la naïveté de croire. Carrière disait : « Croire fortement à ce que l'on désire, c'est en préparer les voies. »

Je ne noterai plus, à propos de cette aventure des Fêtes Humaines, que ce dernier souvenir auquel reste mêlé le nom de Carrière. — Nous voulions proposer, pour remplir le cadre vide de la Fête Nationale, l'apothéose de Rousseau, le poète dont la doctrine le plus lumineusement rayonne sur les temps modernes ; Carrière m'écrivit à ce sujet cette lettre :

Mon cher ami Charles Morice.

Les catastrophes naturelles et les menaces continuelles de la violence nous disent combien il importe de cultiver la sensibilité et la fraternité humaines. Il est trop tard pour réfléchir à l'attitude qu'il convient de prendre si l'on attend pour y songer l'instant où la brute se jette sur nous le couteau à la main : il ne reste plus qu'à se défendre. Mais que nous sommes coupables si nous laissons échapper les occasions d'avoir une part dans l'éducation de la masse ignorante, si nous ne faisons pas tout pour multiplier ces occasions ! Rappeler à la vénération des hommes le souvenir de ceux qui leur apprirent à vivre, les opposer aux autres, à ceux qui ne leur ont enseigné, pendant tant de siècles, que les multiples façons de donner et de recevoir la mort, me paraît un devoir essentiel.

L'auteur de l'admirable *Discours sur l'inégalité entre les hommes* est tout désigné pour être le glorieux prétexte à la célébration des plus beaux sentiments qui puissent justifier notre activité.

L'heure aussi est favorable. Devant tant d'incertitudes et d'angoisses, l'homme ne peut se reprendre et trouver de recours que dans son propre cœur.

Je suis donc tout à fait avec vous pour célébrer Rousseau, mon cher ami, et je vous félicite de l'excellente idée. .

Les grands hommes sont les thèmes et les raisons, les vrais objets humains des fêtes humaines.

Mes amitiés à nos amis communs, cher Morice, avec mes regrets pour mon absence.

Cette lettre est du 14 mars 1906. La date en souligne le sens testamentaire. Carrière est mort le 27 du même mois. Il avait été opéré le

1ᵉʳ novembre de l'année précédente, et depuis ce jour il ne s'était pas relevé. Voilà dans quel état d'esprit et de cœur il voyait approcher la fin inévitable.

§

Depuis déjà trois années il était averti. Trois années d'agonie sans espérance au lendemain d'une première opération qui lui laissait le visage marqué d'une entaille profonde. Il acceptait tout sans défaillir, ni dans sa volonté ni dans sa bonté, — regrettant toutefois que le lent supplice ne lui eût pas été épargné, mais l'acceptant, dis-je, sans forfanterie ni faiblesse, accueillant le malheur comme il avait accueilli la gloire, avec dignité, cherchant et imposant à la fatalité un sens qui se réduisait pour lui en obligations nouvelles, les plus austères dont un homme puisse être investi : cet amant de la vie, qui de si haut nous avait montré à vivre, se sentait désigné pour nous enseigner à mourir, à mériter jusque dans la mort la ressemblance désirée. Par là ne devenait-il pas excellemment — l'Homme ? Agonie perpétuelle, perpétuelle conscience de l'agonie : idéal de Vivre !

— « Heureux qui se prépare glorieusement à la mort ! » avait-il dit lui-même sur la tombe de Fantin-Latour. Cette grande parole (1) trahissait sa préoccupation suprême, personnelle, nous livrait le secret de sa force, nous ouvrait une âme vraiment antique...

Mais à ses intimes, à sa chère famille surtout, il réservait les effusions d'une tendresse infinie... Je me garderai de troubler d'indiscrets témoignages le mystère sacré des derniers adieux. — Il mourut doucement, dans le crépuscule d'un matin. La veille, en embrassant sa femme, ses fils, ses filles, il leur avait dit : « Aimez-vous frénétiquement ! » Quelques jours auparavant il écrivait : « Je lègue à mes enfants ce que mes amis ont trouvé de bon en moi. »

(1) Elle est gravée sur son tombeau.

L'ARTISTE ET SON ŒUVRE

I

Dans une haute et vaste salle, toute et seulement illustrée d'œuvres d'Eugène Carrière, je m'imagine regardant : je vois...

Comme des condensations éloquentes du silence et du loin, des formes surgissent. Elles viennent moins à moi qu'elles ne m'attirent ; mais elles m'ordonnent d'écouter, apparitions émues des profondeurs par une magie souveraine, et qui se lèvent chacune pour m'apporter avec sa vérité la mienne. Car nous sommes, elles et moi, étroitement unis. L'atmosphère fluide où elles baignent, en les dégageant des circonstances accidentelles du temps et de l'espace, les délivre aussi des différences secondaires qui les eussent compliquées sans les définir, les ramène ou les élève à l'essentiel de leur réalité, m'invite moi-même à dépasser les apparences immédiates, qui seules séparent les êtres, et ne me laisse plus percevoir que des rapports nécessaires entre la sincérité qu'elle me commande et celle qu'elle me révèle : nous sommes dans la vie profonde, où sans discordances les écarts se composent, avec la certitude rassurante de la logique et de l'harmonie.

Carrière, évocateur des consciences, est un confesseur à qui l'on ne ment pas.

Est-ce à dire qu'il soit insatiablement curieux de la vérité particulière de chaque unité humaine ? Il a, bien au contraire, la passion des concordances les plus générales, et ce grand synthétiste semble être venu pour faire rougir de leur niaiserie ceux qui ont osé dire : « Le temps des idées générales, en art, est passé. » C'est le sens du général qui particularise, peut-on dire, le génie de Carrière et qui en fait la nouveauté radieuse parmi cette multitude d'artistes en quête de la singularité dans la conception, de l'effet rare dans l'exécution. Stériles recherches ; elles ne mènent guère qu'au mensonge. C'est dans le rapport des âmes entre elles, dans la mesure de leurs ressemblances, non pas dans leurs divisions, qu'apparaît leur vérité la plus profonde, et justement cet artiste extrait des individualités humaines leur plus personnelle essence en cédant à ce désir qui si despotiquement le domine, qui est sa singularité à lui et devant lequel il reste comme hypnotisé, de découvrir comment et par où se suivent et se relient nécessairement tous les êtres. Ces passages, dont le modèle isolé ne se doute pas, il les avoue aux minutes d'intensité qui laissèrent dans ses traits et leurs rapports, dans son attitude et dans les habitudes de ses gestes, d'indélébiles traces. Carrière écarte tout ce qui pourrait masquer ces secrètes certitudes, tout l'accessoire du détail, et ses figures, qui sont comme en naissance perpétuelle, semblent aussi prêtes à s'effacer, à s'évanouir dans les fonds, à mourir. Ni la naissance ni la mort ne sauraient mentir ; à leur sincérité l'artiste ajoute et celle de sa conquérante étude, et celle, par un irrésistible entraînement, des yeux ouverts devant son œuvre.

L'évidence émouvante de la sincérité qui s'exprime, *exprime* aussi, des âmes qui regardent, leur sincérité ; et cette évidence incontestable s'impose avec l'autorité poignante d'une découverte de l'esprit et d'une divination de la sensibilité. L'esprit régit, la sensibilité suscite. Le miracle de cet art, c'est qu'en entraînant l'adhésion des intelligences il exige des volontés un dédoublement, une transposition. Les spectacles qu'il nous montre sont familiers à nos yeux, pensions-nous : il nous les MONTRE, et nous les voyons pour la première fois ; il en a vitalement et personnellement pénétré toute la beauté, tout le sens, il a vécu d'un cœur passionné l'épisode d'amour ou de douleur dont il réunit et synthétise les phases éparses dans l'élan d'une étreinte, dans la crispation d'un sourire souffrant, dans l'éclair d'un regard qui donne ou qui défend une âme ; — il s'est substitué, avec la plénitude intuitive et dominatrice d'une franche, vaillante et supérieure humanité, à cette mère dont le baiser, dont les bras, dont tout l'être frémit à la fois de joie et d'épouvante sous le doux fardeau de la vie transmise et toujours menacée, — à ce poète, à cet artiste, à cet homme d'action, dont le visage a reçu peu à peu de son central motif de vivre un chiffre, un pli spécial, — à ce Christ dont les bras envolés et retenus attestent la nécessité personnelle du sacrifice, même aux autres inutile, — à ce peuple tout entier penché sur le lumineux gouffre d'une scène où c'est le drame des drames qui se joue, parce que c'est la vie, la furieusement désireuse et l'ingénûment juste vie populaire, innombrable enfance, qui écoute et qui regarde : l'artiste a surpris l'involontaire et confuse confidence, pour lui claire, d'êtres dont bien peu sont dans leur propre secret, la confidence aussi de la lumière, et, toujours lui-même, ayant partout aimé, compris les hommes, ils nous emporte dans l'irrésistible mouvement de cette expansion pénétrante, nous contraint à secouer l'égoïsme qui nous exilait de nos semblables et nous faisait de notre sensibilité pervertie une dure prison, nous enseigne à varier la joie de vivre *en nous mettant à la place* d'un autre, et d'un grand nombre d'autres, et de tous les autres : « Je vois les autres en moi et je me retrouve en eux, ce qui me passionne leur est cher. »

L'exemple que nous donne l'artiste, en se substituant pour mieux les connaître à la personnalité intime de chacun de ses modèles, fait la beauté morale de son œuvre, sa générosité, sa bienfaisance, — et il est bien impossible de ne pas noter d'abord ces traits particuliers de l'art de Carrière. Je reconnais dans la douceur tragique de ces évocations humaines un caractère universel par quoi je leur reste apparenté. Car j'en suis, de cette grande famille dont les unités, — associées par le regard aigu qui les requit de leur intime méconnaissance en leur arrachant d'inconscients aveux, comme par l'atmosphère visible où se continuent et les uns par les autres se justifient et s'achèvent des gestes concentrés en épisodes dans toutes les figures et nulle part commencés, — me disent pourtant chacune le mot de sa destinée ; mais ce mot, en m'intéressant à d'autres que moi-même, sur moi-même me renseigne, et j'apprends, je sens qu'à mieux comprendre mes semblables mon regard et ma pensée s'éclairent aussi sur moi. La vie est une phrase harmonieuse dont les hommes sont les mots vivants : écoutons *les autres,* les lois de l'harmonie nous imposeront les syllabes et le sens du mot que *nous* sommes venus dire.

Et ceci m'est révélé par les proportions des lignes et des volumes, dans la frénésie extatique d'une œuvre toute vibrante d'amour et de vénération pour la vie.

On sait de quelles convictions réfléchies, de quelle conception généralisée émane cette œuvre. Le penseur et l'artiste ont la même foi dans la nature et ne croient, l'un et l'autre, qu'en elle. L'identité des lois de la nature et des lois de la conscience, ou — l'unité de l'univers, ou — de même encore en d'autres termes — l'universalité de l'âme humaine : voilà la pierre angulaire sur laquelle Carrière a construit l'ample édifice de sa pensée et de son œuvre.

Il ne suppose pas que l'homme puisse rien ajouter à la nature : « Nous sommes dans l'horreur de l'invention et dans l'amour de la découverte. »

Il n'accepte même pas que l'homme prenne devant la nature le personnage d'un témoin ; l'homme et la nature ne font qu'un, il la porte dans son cœur immense comme elle l'enveloppe dans l'infini de ses replis ; la raison des choses est en nous et il n'y a pas d'énigme dont nous ne puissions lire le mot dans le miroir de notre pensée sensible : « Le mystère qui nous frappe, c'est le mystérieux qui est en nous-mêmes : nous sommes charmés de nous le sentir révélé. »

L'objet principal de nos efforts doit donc être de découvrir et d'étendre le lien entre les hommes et les choses : « En dehors de ce but, les arts, les lettres, les sciences ne sont que des manies déprimantes ; un homme qui se résoudrait à isoler une chose et à en multiplier la reproduction ne serait pas un artiste, ce serait un maniaque. »

Et le lien — pour faire surgir l'œuvre hors des distances et de la durée — doit résulter d'elles, doit être recherché dans le temps : « Les éléments de comparaison réunis donnent le sens de la durée, condition essentielle de la véracité d'une œuvre », comme dans l'espace : « Proportions de couleurs, de lumières et d'ombres, comme de volumes », sans confondre « Le modelé dans les plans et le modelé en dehors des plans », ni « La figure présentée dans son ensemble, contenant les détails, et la figure dévorée par les détails et perdant l'unité de sa forme essentielle ».

Fort de ces vérités, l'artiste largement ouvre son esprit et ses yeux et laisse à sa main la liberté d'exprimer la découverte faite par ses yeux et conquise par son esprit : il sait dès lors que son œuvre sera nécessairement « Un hommage à la conscience humaine et à la nature ».

Ai-je besoin d'observer que dans cette adoration de la nature il n'est rien de servile ? La fidélité de Carrière aux lois naturelles n'est pas celle d'un naturaliste. Les réalistes n'ont jamais vu la réalité qu'il adore. S'il n'eût pas pleinement accepté cette parole — aussi admirable que les siennes, mais qui désigne une autre conception de l'art : « La nature est matière, l'esprit est matrice (1), » c'est qu'il ne concevait pas l'esprit séparé de la nature : » Je ne sais pas si la réalité se soustrait à l'esprit, un geste étant une volonté visible ; je les ai toujours sentis unis. » Pour lui, la nature elle-même est esprit, et toute la conquête de l'artiste est la découverte des proportions qui permettent à l'esprit de la nature de se manifester de par l'autorité divine de l'harmonieuse nécessité. Cette nécessité n'est pas seulement la condition première de la beauté des œuvres de la nature, mais aussi le principe et de la beauté des œuvres de l'homme, et de la dignité et de la liberté même de son esprit et de son cœur. C'est la constance des forces naturelles dans leurs manifestations, c'est leur solidarité fatale qui nous permet et qui nous prescrit l'espérance, en nous assurant que nous pouvons, ayant posé telle cause, compter sur tel effet, en nous attestant que les forces sont unies, comme les formes, continues.

(1) Paul Gauguin.

Nous avons (1) la preuve matérielle de la continuité des formes, de la logique terrestre : c'est le squelette, — le squelette beau en soi, de cette beauté de la logique et de la fatalité : « Nulle surprise, chaque chose est préparée; l'ensemble est amené à une suprême harmonie, telle que rien ne s'y peut changer. » Et les relations de la bête vivante avec le sol qui la nourrit restent visibles dans la charpente osseuse de la bête morte :

Une synthèse absolue de la terre en une seule créature est visible dans tout squelette, expression complète de la vraie beauté. Les vertèbres du rhinotéros, en modelé de plantes grasses, sont d'accord avec la terre plantureuse où il règne, chargée des végétations fortes dont sa masse se nourrit. Il est l'image en mouvement du sol qui le produit...

Voici les charpentes fortes, mais aériennes, du chameau, fait pour la marche rapide à travers les sables : l'os est souple et allongé, les vertèbres plates et fines, comme aiguisées par le vent du désert...

Dans ce squelette de baleine, la partie qui fend les

---

(1) *L'Homme visionnaire de la réalité*, conférence par Carrière ; *passim*.

flots s'appointe comme une carène de navire. Sur les côtés la paroi prend une autre forme, se dresse comme une muraille dans laquelle la saillie de l'avant vient progressivement s'aplatir...

La multiplicité, la variété des formes animales est prodigieuse ; mais jamais on n'y rencontre le caprice, jamais ce que j'appellerai « les formes de mensonge » de l'homme : rien que des applications multiples d'une loi unique d'adaptation naturelle...

Chacun de ces êtres a sa forme, de l'ensemble au plus petit détail, d'accord avec sa fonction. De cette harmonie apprenons nous-mêmes notre destinée. *L'homme aussi a le droit de n'accepter que ce qui est conforme à sa pensée*, logique avec lui-même et de rejeter toutes les moisissures parasites. Chaque individu apparaît dans la vie avec ses facultés propres et sa préparation antérieure à son action. A ceux qui accueillent le nouveau-venu de reconnaître ses dons, de lui permettre le développement nécessaire pour qu'ait sont effet la force originale qu'il apporte. Le péché d'ignorance originelle n'existe pas ; toute créature nouvelle est, selon la Nature, savante. C'est une grave erreur de méconnaître dans l'homme la valeur d'atavisme qu'on reconnaît aux animaux. Héritier de l'intelligence et du savoir de sa race, l'homme naissant est un résultat. Toutes les religions font de lui un déchu attendant sa rédemption de la grâce. Mais ce n'est pas vrai : il est un élu à la vie, un élu à l'action, armé pour elle par la Nature et par ses ancêtres. L'erreur est de le nier, de permettre sa déformation, au lieu de l'accepter tel qu'il est et de le continuer selon sa nature.

A travers ces ossements qui nous environnent, forêt de splendeur vivante, je sens circuler comme une brise de liberté !...

Si quelque chose doit nous rassurer sur nous-mêmes, c'est cette splendide démonstration que rien n'est hasard, que tout n'est que logique. Si nous sommes nous-mêmes aussi harmonieux, aussi d'accord avec une intérieure nature, si notre destinée nous est donnée avec la vie, il n'y a qu'à chercher à en devenir plus conscients, à être *nous-mêmes* davantage et complètement...

La Nature a besoin de collaborateurs nombreux. A toutes ses besognes, elle a créé le type correspondant. La multiplicité des êtres exprime la grandeur du travail auquel ils sont destinés, des fonctions qui sont connues ou inconnues.

La découverte d'une espèce nous renseigne sur une cause que nous ignorions ; une surprise continuelle s'achève en une confirmation des vérités essentielles, car la variation même des apparences nous éveille au sentiment profond d'une loi générale produisant toutes les variétés et leur imposant une intérieure unité...

Et, avec la plus significative insistance, Carrière revient à ce devoir, pour l'homme, d'accepter seulement, dans la vie sociale, ce qui est conforme à la logique de sa nature, de se rappeler qu'il est une force adaptée à un but, qu'il a une destinée, et d'en prendre conscience :

> A cette tâche, nous sommes aidés par la vision de la multiplicité harmonieuse des êtres et des fonctions de la vie. Sous nos yeux, dans ce musée de nature (1), les formes se suivent et se lient, riches de leur infinie variété, éloquentes par leur commune essence. Une audace de découverte et d'affirmation s'empare de nous au contact de cette vie qui nous entoure...
>
> Les musées d'art nous disent combien certaines époques furent sensibles à l'émotion directe. Mais nous sommes ici à la source qui toutes les enchanta. Tout ce qui nous semblait plein de mystère ici se dévoile dans la clarté. La Vérité doucement conquiert notre esprit à une admiration clairvoyante. Elle prend possession de notre être, nous emporte dans le mouvement universel où nous nous sentons en communion avec nos précurseurs et consentants à notre rôle proportionnel dans l'héroïque évolution des êtres.

(1) Cette conférence a été faite dans le Muséum d'histoire naturelle.

II

Cette compréhension, cette vision de la réalité, cette découverte de la nature, qui exige de l'homme l'accord et l'emploi de toutes les forces de son intelligence et de sa sensibilité, n'est pas aussi éloignée que d'abord on pourrait croire de la maîtrise, de l'emprise hautaine d'une conception plus cérébrale en apparence et selon laquelle toutes les formes de la nature ne sont que les signes extérieurs de nos propres pensées.

On vient de voir que la vie, sous le regard de Carrière, s'ouvre comme un livre harmonieusement, fortement composé, et pour lui aussi les choses sont des signes dont le sens est dans l'homme. Mais ce sens lui est révélé par la ligne qui, en reliant tous ces signes, affirme leur unité et invite l'homme à comprendre sa place et son rôle dans un monde où il ne peut être venu pour apporter un discord, une fausse note, une rupture d'équilibre, à prendre conscience aussi de l'unité de son esprit, supérieure et par quoi toutes les autres sont sommées. Le sens des proportions se confond chez Carrière, très justement, avec le sens des analogies et des correspondances, — et nous verrons en concluant cette étude qu'il apporte au Symbolisme, à son expression dans tous les arts et surtout dans la poésie, des raisons nouvelles, de nouveaux éléments d'avenir. Il conseille à l'artiste de les demander à la nature, directement et le plus tôt possible, et par l'application de son esprit à l'étude, et par la conformation de sa vie aux lois générales.

Ce fait est très important ; en y insistant nous allons apprendre, après avoir vu quel enseignement Carrière attend de la nature, combien se réduit, selon lui, le recours permis au passé.

Il désire que l'artiste soit un homme de son temps et il a assez prouvé par son exemple qu'il ne le considère comme exempt d'aucun des devoirs familiaux et sociaux auxquels ses concitoyens sont astreints. Par sa vie comme par son œuvre, l'artiste doit être la plus complète expression vivante de l'époque et de l'espèce ; par sa vie qui le maintiendra en relations étroites et actives avec les plus hauts esprits de l'heure comme avec les plus simples, gens du peuple rencontrés, travailleurs de tous les métiers : à chacun il a un mot à dire, de tous un mot à entendre, et partout il trouvera, s'il a su consentir à la vie, l'occasion d'expériences infiniment précieuses ; par son œuvre, qui sera, s'il n'a pas pris le pinceau ou la plume sans mandat, le témoignage d'un siècle devant tous les siècles. Ce n'est pas en se confinant dans les académies et les musées que l'artiste se prépare utilement à remplir sa mission. C'est en participant sans cesse à l'existence de ses contemporains.

Est-ce à dire qu'il puisse négliger l'œuvre de ses grands prédécesseurs, se dispenser d'écouter leur leçon ?

Il y a deux façons, inégalement profitables, d'aller à l'école des maîtres ; par l'une, qui n'est pas la bonne, l'écolier s'efforce de surprendre le secret de leurs procédés, substitue dans ses préoccupations l'œuvre réalisée à la nature et cherche à s'approprier une méthode, une formule d'exécution ; par l'autre, il se propose de connaître ce qui est déjà réalisé afin de s'y ajouter sans le répéter, et d'apprendre des grands accomplisseurs comment ils s'inspiraient des êtres et des choses de leur temps, afin de s'inspirer à leur exemple, avec autant de sincérité, de science et de liberté, des êtres et des choses de son temps. La première école est celle qui mène par le culte des « règles » et par l'imitation à l'Académie de Rome. La seconde est celle du retour aux principes qui confère à l'artiste le privilège d'une jeunesse indéfectible, et de cette seconde école il se vantera d'être l'écolier jusque dans l'âge la plus avancé comme il y a de très bonne heure commencé son apprentissage. — Carrière, au lendemain d'un séjour à la campagne, où il n'avait naturellement pas cessé de travailler, se hâtait de courir au Louvre pour voir si les maîtres avaient fait sur la nature certaines observations qu'il venait de faire, ou comment ils les avaient interprétées ; mais ils les consultait d'un esprit librement docile à leurs indications, inutilisables pour qui ne saurait l'art de transposer selon la couleur des âges la vérité, afin de lui rester fidèle.

Voilà les conditions, les formes vraies du respect que nous devons au passé. Et qui l'aima plus ardemment que Carrière ? Quand il fut question de cette funeste idée de restaurer le Parthénon (1), c'est Carrière qui jeta la plus éloquente, la plus éclatante clameur de protestation.

Cette inconcevable erreur, s'écriait-il (2), nous fait comprendre comment de nombreuses générations ont pu se renouveler près des chefs-d'œuvre, les mutiler sans remords, sans conscience de leur signification. La collection d'antiques au Louvre nous en donne de douloureux témoignages. C'est avec l'approbation des pouvoirs publics, des académies, des commissions artistiques, que d'adroits mais inconscients sculpteurs ont refait des moitiés de statues et de bas-reliefs, et

(1) A-t-on bien définitivement, au moins, renoncé à ce projet abominable et saugrenu ?
(2) *Le Musée*, tome II, n° 2.

souvent sur un simple fragment une statue entière. Le naturaliste qui se base sur le caractère d'une vertèbre pour reconstituer une espèce disparue ne prétend pas recréer la vie, et c'est la vie même d'un passé qui nous paraît par son génie au-dessus des hommes que des statuaires, dont quelques-uns célèbres, prétendent faire revivre, en ajoutant avec candeur le fruit de leur labeur empreint des conventions de leur époque comme suite naturelle à l'expression héroïque de la suprême intelligence.

S'il ne nous restait de rares monuments à peu près intacts et quelques pierres mutilées, on ne connaîtrait rien de la Force et de la Grâce de la statuaire gothique. Les restaurateurs l'ont à peu près ensevelie sous leurs pavés informes.

C'est une explosion d'indignation, un cri formidable poussé par tous les hommes doués du sens de la beauté qui doit répondre à la nouvelle entreprise du vandalisme moderne...

L'idée impie qu'un homme puisse ajouter une partie à l'œuvre d'art créée antérieurement à son temps, à une œuvre due à la lente préparation des âges, au concours des circonstances historiques, des formes de pensée et d'activité de l'instant, est en accord avec toutes les preuves de barbarie qui nous révèlent si cruellement l'état d'esprit des civilisations modernes...

Ainsi les monuments, les musées sont souvent des lieux pénibles pour l'artiste. La souffrance et la colère paralysent son admiration. Là où seule une sérénité admirative devrait dominer notre méditation, où le charme de la pensée de tous les temps devrait encourager l'homme à l'espoir, le viol du restaurateur vient inquiéter notre foi, nous dire le passager triomphe des moments d'équilibre de l'âme humaine, nous faire douter de la possibilité d'un avenir harmonieux, mais aussi nous donner cette certitude que cesser de lutter, c'est consentir à la défaite. Il faut que l'âme humaine soit en constant effort d'augmentation afin de déjouer la ruse de la bête barbare et paresseuse qui nous guette en nous et hors de nous...

Encore s'agissait-il ici d'un geste de légitime défense, en quelque sorte, individuelle, tout artiste ayant le plus pressant intérêt à ne point permettre qu'on touche à l'œuvre de ses prédécesseurs, à décourager dans l'avenir les collaborations inconsidérées. Mais Carrière a toujours, et bien souvent dans des circonstances hautement désintéressées, témoigné de son amour *objectif* pour toutes les belles formes de l'art. Il parlait admirablement de ces trois artistes qui l'avaient, il est vrai, aidé à se connaître, La Tour, Rubens, Turner, mais aussi de Rembrandt, et de Poussin, et de Watteau, et des grands Italiens, surtout de Giotto. Et je ne crois pas que jamais on ait écrit sur l'art antique des pages plus belles que celles où il a synthétisé sa compréhension des Egyptiens et des Grecs. J'ai déjà donné bien des preuves de sa puissante originalité d'écrivain ; qu'ajouteriez-vous au morceau que voici, qu'en retrancheriez-vous et n'est-il pas d'un grand poète ?

Vénus : Amour et Fécondité. — La femme est le mystère admirable qui recueille, forme et transmet la vie. L'Art Antique nous la donne née de la Mer, comme la nature elle-même, c'est-à-dire l'expression de l'élément par excellence, de celui qui contient toutes les forces. Elles nous apparaît simple et forte, voluptueuse et reposante. Le temps, qui est son auxiliaire, lui prête la patience et le charme, rien ne trouble sa tranquille attente. Elle sent qu'elle porte le monde, et que rien ne prévaut contre la vie dont seule elle dispose. — La tête est rarement expressive, presque toujours passive et forte; mais une vie chaude parcourt son torse admirable, la poitrine qui se gonfle en riches promesses, le ventre magnifique, surface mouvante et passionnée, les bras lisses et pleins, faits pour tenir avec tendresse ou recevoir avec douceur, les jambes belles et fortes pour porter l'avenir. Le soleil des temps antiques semble avoir pénétré ces marbres. Il en rejaillit, se mêle à notre atmosphère.

Et il disait : « Il n'y a pas l'équivalent, en peinture, de la Victoire de Samothrace. »

Quand, donc, c'est un artiste si ardemment épris de la beauté des chefs-d'œuvre, et si parfaitement informé aussi des conditions dans lesquelles se crée l'œuvre plastique, qui nous parle, nous devons l'écouter s'il nous affirme que « la vie présente a toujours été la source d'inspiration des artistes » :

Le passé n'est qu'un renseignement sur l'étendue des facultés humaines. Nous savons par lui ce dont les hommes sont capables. Mais aussi nous apprenons à quels éléments ils ont fait appel, et la nature, et la source de leurs émotions. Nous savons par eux qu'ils ont vécu, aimé, souffert comme nous, que les mêmes sentiments, les mêmes passions les agitaient, que leurs œuvres sont d'accord avec eux et leur temps, dont ils étaient les témoins et la conscience. Ils nous enseignent aussi que jamais, sous prétexte de se recueillir, ils ne se sont soustraits à leurs devoirs de citoyens ni à la vie de famille, qu'ils acceptaient les responsabilités communes à tous les hommes.

Insistant sur la nécessité, pour l'artiste, d'ouvrir les yeux de bonne heure et de limiter à l'étude sensible et intellectuelle, plastique, de la nature, son initiation, il l'invite à s'affranchir de la tradition fausse, qui est l'école et ses « canons », pour remonter à la tradition vraie, qui est le libre, volontaire et spontané retour aux principes :

Tous les grands artistes que cite Vasari ont débuté de très bonne heure dans l'apprentissage. Ils ne faisaient pas d'abord leur médecine ou leur droit, ne passaient aucun baccalauréat, mais, en s'instruisant sur leur profession, toutes les formes de la pensée se révélaient, toute découverte sur leur art leur apportait une vérité nouvelle dans la nature, les lois de l'unité leur apparaissaient successivement, et bientôt ils avaient conscience qu'on devait s'occuper de toutes choses, sachant qu'il n'en est qu'une essentielle qui les contient toutes. Où Vinci, Michel-Ange avaient-ils acquis la possession de cette merveilleuse intelligence, si ce n'est en croyant, tout enfants encore, qu'ils ne s'instruisaient *que dans leur art ?* C'est en le pratiquant qu'ils ont senti que rien ne lui était étranger et que tout leur était indispensable. Toutes les formes de la pensée exigent les mêmes dispositions d'esprit : il n'est rien sans idées générales. L'atelier du maître était leur université... Les relations avec tous les esprits actifs et méditatifs de leur temps, la complète harmonie entre leurs préoccupations et celles de leurs concitoyens, enfin cette unité de pensée qui était absolue chez les hommes de conscience de leur époque, ne leur épargnaient aucune expérience. — Que l'on compare cette forme d'apprentissage et d'éducation de l'homme et de l'artiste à ce qui existe de nos jours : les Académies, où les professeurs apparaissent une ou deux fois par semaine, donnent une minute, à peine, à chaque élève, n'ont, en dehors de cet instant, aucun rapport avec eux, ne les admettent jamais à les voir travailler, leur cachent leur méthode d'exécution et bornent le renseignement professionnel aux corrections les plus élémentaires, exigent de leurs élèves un respect hiérarchique qui les sépare à jamais de ceux qui devraient leur être familiers. Cet exemple est naturellement suivi, et l'art, cette admirable forme de la réunion des êtres, fait des artistes modernes — les hommes les plus séparés entre eux, incapables de défendre leurs intérêts moraux et matériels — la proie de tous les exploiteurs.

III

Personne ne me reprochera ces longues citations. Pour moi, je m'en veux de les écourter, de ne pas limiter ma tâche au commentaire le plus succinct possible de ces textes incomparables. Du moins, ne serais-je pas coupable, quand l'artiste lui-même « s'explique » si lumineusement, nous abrège si sûrement le chemin de sa pensée, de ne pas accueillir toutes les occasions de lui donner la parole? — Mais je n'ai point à m'excuser et, avant de vérifier sur les œuvres de Carrière sa doctrine artistique, inséparable de ses convictions sociales ou leur principe, je me contenterai de la résumer.

Un mot l'éclairerait, si sa logique radieuse ne nous illuminait déjà : c'est « le culte de la Vie ». L'art étant le rite de ce culte, l'artiste en est le prêtre. S'il se sent appelé dans cette voie, qu'il se hâte d'apprendre les pratiques de ce rite, tout en prenant aussitôt contact avec la vie, et sans attendre que sa conscience de peintre ou de musicien, de poète ou de sculpteur, se soit éveillée. La fréquentation des hommes et l'étude des chefs-d'œuvre peu à peu le révéleront à lui-même, et, bientôt, quand l'artiste aura besoin du praticien, celui-ci se trouvera prêt à le servir. Mais que l'artiste ni le praticien ne s'attardent à l'idolâtrie des règles. Les règles sont toujours d'hier. Elles ont été inventées par des professeurs modestes et stériles qui, se sachant incapables de puiser directement à la source éternelle, prétendent pourtant y boire, dans la main des maîtres. L'enseignement des maîtres est excellent pour ceux qui peuvent le confronter au conseil de la Nature, dont la Tradition n'est que la forme humaine. A la séparer de la nature, les professeurs ont privé la tradition de toute réalité, et d'abord de toute réalité humaine, car l'homme se trahit lui-même, s'efface, se retranche de la vie, s'anéantit, s'il prétend interrompre un seul instant ses relations avec les forces élémentaires. Les professeurs sont déçus. Ils invitent, avec une autorité factice, mais officielle et redoutable, la jeunesse à partager leur déception, à suivre leur mauvais exemple. C'est par une réserve constante de sa personnalité, par une révolte (1) constante contre la tyrannie de l'école, que l'artiste retourne aux principes, quitte à voir, s'il vit très longtemps, les académies lui céder et — hypocritement? innocemment? — déduire de sa vérité un nouveau mensonge en la codifiant en « règles », aussitôt d'hier, destinées à être démenties par le génie de demain.

Mais l'œuvre seule du génie demeure, et les œuvres des génies se répondent entre elles, à travers la durée et les lieux, signifiant chacune, par la forme qu'elle donne aux matériaux communs et éternels, le style d'une race, d'une époque, ou tout au moins le caractère d'un homme typique, l'un des centres et des sommets de cette

(1) Et Paul Gauguin disait aussi : « En art, il n'y a que révolutionnaires ou plagiaires. »

époque et de cette race : de lui, grâce à la collaboration d'esprits moyens et par l'harmonie de la vision et des dons — de sa vision diminuée, de ses dons réduits au rôle de complémentaires — rayonne vers le passé et l'avenir la clarté. Elle est parfois isolée, et c'est avec des foyers isolés aussi qu'elle correspond, — phares dans la nuit orageuse de la mer.

Nous sommes loin déjà du dernier instant de production collective. Aujourd'hui, l'art se conserve et se continue dans des unités vaillantes qui protestent, pour la gloire d'un monde ingrat, contre leur solitude. Ces héros mourraient inconsolés s'ils ne savaient que les heures chaotiques, comme la nôtre, de trouble et de dispersion, sont des périodes de reconstitution. L'action et la réaction gouvernent la vie immense, et permettent qu'elle ne s'interrompe jamais, sans rester jamais immobile. L'union des éléments ne peut survivre à l'action de la force morale, de la Foi qui l'avait produite. Ils se désagrègent quand elle fléchit, et la réaction qui les sépare les renvoie au foyer commun où s'élaborent les lentes et confuses préparations, tant qu'enfin une nouvelle « Communion des hommes exige l'unité des efforts dans une forme totale qui les représente tous (1) ».

Ces périodes de reconstitution, où l'humanité inquiète, désertée de ses anciennes certitudes, cherche avidement où se prendre et s'appuyer, sont par essence et comme par définition des périodes de recours aux sources mêmes de la Nature et de défense contre le despotisme académique et professionnel qui s'ingère d'interdire à l'esprit ce recours, unique, suprême et sûr. Et c'est précisément par la spontanéité de ce recours, préparation certaine d'une époque glorieuse, que de telles périodes se justifient devant l'histoire, réagissent contre la dissolution dont elles se sentent menacées et que, sans atteindre à *un* style, elles gradent pourtant *du style*. En brisant les règles, dont l'insuffisance est amplement prouvée par cette dissolution, cette dispersion qu'elles con-

---

(1) Conclusion d'Eugène Carrière, pour l'Enquête du *Mercure de France* sur les « Tendances actuelles des arts plastiques ». L'autographe de ce texte est reproduit en tête de ce volume.

damnent et contre quoi elles ne peuvent rien, les esprits solitaires qui puisent la vraie vie à la source éternelle, sauf d'eux oubliée, font un geste régénérateur où s'expriment à la fois leur race et leur personnalité. Il y manque ce concours de tous, dont l'absence prive ces esprits de leurs meilleures forces. Ils n'en ont pas moins, par l'affranchissement héroïque et réfléchi de leur sincérité, comme aussi par la somme, rare dans tous les sens du mot, des admirations suscitées, témoigné, en même temps que de leur génie propre, du caractère général de leur époque; elle ne laissera pas une page blanche dans l'histoire, et les mots que cette page porte inscrits aideront l'avenir, quand ce sera l'heure d'une nouvelle communion, d'un nouvel équilibre, à se défendre de l'erreur en retrouvant là les indications qui préservèrent l'art, aux plus difficiles instants, de perdre la bonne voie, qui maintinrent enchaînés les heureux efforts. Si la foudre n'a pas tout de suite allumé l'incendie adorable, ainsi du moins n'aura-t-elle pas inutilement vibré.

Il est notable et réconfortant, le mouvement

qui penche aujourd'hui toutes les valables unités solitaires aux bords du fleuve immense de la nature, sur ses derniers bords, sur son flot même, en dépit des digues séculaires. Elles s'écroulent sous cette puissante poussée, et celles qu'entreprend d'élever l'erreur ou la sottise sont ruineuses avant d'avoir vieilli. Quand le flot inondera de ses clartés toutes les intelligences, ce sera l'aurore d'un des grands jours d'années du monde. Et sans doute il se trouvera des gens pour crier au progrès. Ce sera un retour.

On honorera en Carrière l'un de ceux qui l'auront appelé, préparé avec la plus enthousiaste et la plus lucide ardeur.

IV

Comme je le priais de me définir sa conception de l'œuvre d'art, il me répondit d'abord : « Une arabesque qui relierait les seuls volumes significatifs d'une figure » ; puis : « Une tache blanche où il y aurait tout ».

La première réponse était d'un sculpteur, la seconde, d'un peintre ; toutes deux procédaient du même sens des proportions, du même amour de la synthèse qui caractérisent l'esprit et l'œuvre de Carrière. « La décadence, disait-il, consiste à perdre le sens des proportions. » Et aussi : « La recherche de l'unité étant le but de toute philosophie et de toute religion, il est tout à fait logique que l'art ait tenté de présenter des formes synthétiques aussi absolument que possible ; l'art est profondément atteint par l'affaissement de la doctrine idéaliste. »

C'est Rodin qui, devant une œuvre de Carrière, s'écriait, bon juge : « Carrière aussi est un sculpteur ! » Oui, Carrière est un sculpteur, c'est-à-dire un constructeur. De l'enveloppe humaine il cherche les raisons, le principe de beauté, l'harmonie dans les dessous solides de cette forme, dans sa structure, dans sa sculpture, dans ses os où il reconnaît une application de l'intransgressible loi de l'ininterruption des lignes chargées d'exprimer la vie. Visionnaire de la réalité, pense-t-il, son rôle est de découvrir à quelles conditions la figure humaine qu'il veut peindre s'inscrit sans la contrarier dans la figure immense de la nature, et par quels moyens en outre sa propre personnalité d'artiste peut s'ajouter sans les troubler, bien au contraire en les douant d'authenticité (1), c'est-à-dire en dégageant leur style et en accusant leur valeur expressive, et à la figure immmense, et à la figure

---

(1) Stéphane Mallarmé : « Le poète est celui qui doue d'authenticité la nature. »

limitée. Ces conditions et ces moyens, il les trouve dans la compréhension synthétique des formes, reliées par le trait continu de la vie.

D'une façon plus suggestive encore, peut-être, en deux mots, que dans son admirable leçon du Muséum, il nous livre son secret en nous parlant, justement, de Rodin.

« L'art de Rodin sort de la terre et y retourne, semblable aux blocs géants, rochers ou dolmens, qui affirment les solitudes et dans l'héroïque grandissement desquels l'homme s'est reconnu. »

Ces paroles seraient à peu près incompréhensibles pour qui n'aurait pas pénétré par une assidue familiarité dans la pensée de Carrière et de Rodin ; elles prennent leur signification absolue, elles triomphent avec l'évidence de la vérité dans l'esprit de quiconque, les ayant écoutés, a aussi contemplé d'un regard pensif les grands spectacles de la nature, montagne ou forêt, les fleuves ou la mer.

Que s'évoque dans les souvenirs du lecteur tel rivage marin, par exemple, et soit tel bord sauvage du Finistère breton. Qu'il se rappelle la terrible impression première, par un soir d'arrivée sans transition — elle est insensible presque, grâce à la vapeur — entre la ville que vient de quitter le voyageur et le paysage qui l'attendait. Le contraste reste stupéfiant pour la mémoire. Qu'il l'est d'abord davantage encore pour les yeux ! Quel tragique désordre ! La mer implacable ondoie infiniment, bleu-noir, paisible et conquérante, et comme la terre se hérisse contre elle ! Les rochers semblent interdire à l'homme l'approche de la dangereuse. On demeure effrayé devant cette attitude, partout tendue en un constamment suprême effort, qu'affectent ces rocs énormes, gisant sur la grève dans des formes et des gestes d'animaux gigantesques, antédiluviens, inconnus, épouvantants par l'étalage de leur puissance et l'aveu de leur terreur, par le désespoir de leur résistance d'un peu de temps à l'assaut de toujours. Et la Tueuse seule sourit de toutes ses blanches dents écumantes dans le silence consternant que soutient et ne rompt pas le vent venu du large. Mais ce premier regard nous trompe à demi. Certes, le paysage ne perdra jamais tout à fait le caractère désolé de sa beauté; il ne nous laissera jamais oublier que cette côte battue par le flot fécond est condamnée à la stérilité, et que les périls sont innombrables, dans ces rocs glissants ou coupants, sous ces rocs où se tiennent tapis, en attendant l'autre marée, des monstres armés pour l'attaque et la défense, au-delà de ces rocs où d'autres rocs encore, le flot lui-même, le vent, le brouillard menacent notre fragilité. Seulement, jour à jour se dégage de ce spectacle violent une grandeur qui nous invite à ne plus méconnaître la nôtre, une imposante unité qui nous rassure. Si ces lieux ne sont point faits pour l'établissement de la vie, ils ont une autre destination, dont nous sommes à chaque pas avertis. C'est le théâtre où toutes les forces s'affrontent, et le conflit ininterrompu a sa beauté sublime, son harmonie, comme l'effort suivi et pacifique de la production. Une austère leçon d'énergie nous est donnée que nous ne tardons pas à entendre, pourvu que nous renoncions à nos caprices en cédant à l'autorité de la nature.

Dès lors, quelle joie grave et profonde nous goûterons à sentir que nous pénétrons dans un monde si lié et si divers, dont toutes les lignes se correspondent et s'achèvent par des reliefs et des creux, par des gammes mélodieuses de volumes et de valeurs! Il est inévitable et il est, nous le sentons, bon et beau qu'une force comme la mer règne et gouverne, même de loin, même au très loin dans la terre pour la préparer à la comprendre et à la rejoindre dans une lutte nécessaire. De fait, la mer est là bien avant qu'on puisse la voir. Il y a une large zone indivise entre le sol et l'eau, aux confins insensiblement ménagés, et sans laquelle les deux éléments resteraient l'un à l'autre incommunicables. La lande, c'est la mer ; et le bleu et le vert des bruyères, c'est aussi bien la mer que le bleu et le vert de l'eau ; et toutes les végétations, à des kilomètres en terre, sont échevelées déjà au souffle de la bataille et pleines de sel, — de même qu'en retour la pierre se prolonge sous les vagues et çà et là les déchire comme d'un coup d'épée sculpté, solide, éternel, dont les plans et les arêtes si souvent annoncent les types fauves et parfois le type humain, imposé celui-ci comme un but à toute cette faune, à toute cette flore multiforme de l'océan, qui gravite autour de ces écueils témoins de l'infinie uniformité de la nature, de l'unité de ses éléments et de la constance inaltérable de ses intentions.

Cette leçon, commentaire ou application de celle de Carrière sur le squelette, c'est son explication de l'art de Rodin, c'est aussi son art : « Ainsi la terre projette au dehors des formes apparentes, images, statues, qui nous pénètrent du sens de sa vie intérieure (1). » Ainsi les formes se rencontrent et se continuent, réciproquement se commentent sans se répéter; en toutes s'atteste l'expansion passionnée et bondissante de la fécondité; dans le profil d'un corps de femme couchée, œuvre d'un Grec primitif ou de Rodin, vous croirez voir les cimes et les vallonnements d'une chaîne de collines, et les Egyptiens ont mis au jour en les sculptant le sens humain des

(1) Carrière : *l'Art de Rodin* ; préface au catalogue de l'Exposition de 1900.

montagnes : ils ont « affirmé les solitudes » selon leur signification et leur destination dernières.

De même Carrière *construit* ses figures. Dans le blanc profond de la toile, il sculpte aussi les éléments. Ses modelés évanescents et solides suscitent dans nos pensées des analogies certaines entre l'homme et tous les règnes de la vie. Personne ne croit plus que lui à la vérité du dessin, mais c'est le dessin intérieur qu'il vise, plastiquement, comme, expressivement, c'est la réalité seconde, — et il sait que celui-là est l'indice certain de celle-ci. L'art n'a pas connu anatomiste, ostéologue mieux informé. Il est défendu contre le mensonge du muscle et des contours par la véracité des os et de la structure, cherchant l'expression dès la construction. Les directions initiales du corps légitiment ou démentent les inflexions de la forme extérieure, dénoncent une tare, proclament une vertu, déjouent la comédie d'une faiblesse feinte ou d'une force empruntée. L'artiste ne cesse de demander au squelette l'explication de la forme générale, d'étudier comment les traits sont préparés par ce qui les entoure et les soutient, comment se déterminent les plans pour parvenir aux « volumes significatifs ». Ces volumes sont surtout expressifs de l'individu ; les assises sur lesquelles ils reposent, d'où ils viennent, racontent son origine, la collaboration des ancêtres à sa vie, les traits fonciers et permanents de son être.

Cette méthode, simple et savante, de construction par les dessous solides et par les masses, interdit à Carrière la décomposition analytique, maintient sous ses yeux toutes les manifestations de la vie des trois règnes en relations, allège l'exécution de tous détails parasites, sans effacer la forme la transperce pour la transposer en sa vérité idéale, atteint juste au plus intense de la sensibilité en action. Surtout, par exemple dans ses innombrables figures d'enfants, dans ces êtres inachevés et seulement sensibles, dans ces émouvantes esquisses et j'allais dire dans ces hésitations de l'espèce, il nous donne la sensation d'un mouvement organisé qui voisine encore avec l'animal et le fruit, mais qui, d'un trait *essentiel*, s'en distingue, plus décoratif que la fleur et plus vivant que l'animal adulte, avec déjà l'apparition nacrée de la lumière de l'esprit au front.

L'essentiel ! Choisir l'essentiel, le dire, rejeter tout ce qui n'est pas lui, sans doute c'est la préoccupation dominante chez la plupart des artistes ; c'est tout Carrière. Comme d'autres, mais pour des raisons qui étaient les siennes, il assignait dans sa méthode une place primordiale à la mémoire.

« La mise au point, disait-il, que fait l'esprit au profit du souvenir est le but réel de l'art. Un nombre de rapports réunis donne le sens de la durée. Pourquoi l'art retiendrait-il ce que le souvenir rejette ? C'est de l'essentiel que l'esprit se nourrit. Il se disperse s'il s'exagère le prix des accessoires de l'instant. »

Au reste, ces accessoires, qui sont des conséquences de l'essentiel, ne sont-ils pas supportés, supposés, légitimés par lui? Mais ils le trahiront si l'artiste insiste sur eux, leur accorde une personnalité. Pour parvenir au vrai d'un être il faut les écarter; opération difficile, elle exige une lucidité puissamment pénétrante : si, bien souvent, dans la vie de relations nous nous trompons, involontairement, les uns les autres, n'est-ce pas que nous avons accordé trop d'attention aux accessoires de l'instant, mensonges des apparences ?

— Une tache blanche où il y aurait tout.

Que d'ambition passionnée, poignante, dans ces quelques mots, et que d'intelligence ! Le désir, l'espérance, la confiance de *tout* dire s'avoue, mais de dire seulement tout ce qu'il importe de dire : l'essentiel; la vraie, la certaine réalité, celle qui échappe aux regards distraits comme elle se refuse à la curiosité froide ; celle qui *est*, mais qu'il faut aller chercher où elle est, dans l'évidence cachée, masquée par *ce qui n'est pas*, par la devanture, par le décor de la personne, par l'aspect habituel ou convenu, celle qui est dans l'infini et qui participe à cette vie infinie dont l'éphémère vibration sensible est à la fois l'assuré témoignage et la négation vaine. Sous la direction de la mémoire, l'imagination,

« reine du vrai », l'intelligence, témoin de l'universalité des rapports, la sensibilité et la sentimentalité partent ensemble à la découverte de cette réalité seconde, à la conquête de cette simplicité mystérieuse dont les êtres et les choses visibles, immédiats, ne sont que les hiéroglyphes. La lumière révèle beaucoup ; la tache blanche sera lumineuse. La lumière est l'esprit de la nature ; n'est-ce pas en donnant ses soins les plus attentifs à l'organe par lequel ils perçoivent la lumière, en accordant une si prodigieuse puissance aux nerfs optiques des êtres inférieurs — voyez le système nerveux des annelés — qu'elle leur accorde aussi leur part de communion avec tout dans le divin (1)? Mais la lumière n'est pas belle en soi, c'est ce qu'elle permet de voir qui sollicite l'admiration. Pour offrir à l'admiration son légitime objet, pour habituer notre œil et notre esprit à voir et à comprendre le « tout » qu'il entend mettre dans

(1) Le premier des renflements ganglionnaires du système nerveux des annelés donne naissance aux deux nerfs optiques ; il est ordinairement plus volumineux que les autres et représente le cerveau des animaux supérieurs.

la tache blanche, l'artiste procédera par des gammes d'ombre allant selon de très faibles écarts vers la clarté. Ainsi nous proposera-t-il dans chacune de ses œuvres ce spectacle mystérieux et sublime : la naissance de la clarté, qui est la naissance de la vie, et nous suivrons docilement, pris à cette magie, le chemin toujours de plus en plus éclairé qui, des profondeurs de douces ténèbres, nous conduira au point brillant, central, de lumière totale, — le rubis d'une lèvre, l'opale d'un front, le rayonnement intense d'un regard. — Notez que ce résultat n'est acquis au prix d'aucune déformation. L'intermédiaire entre nous et la réalité profonde, le signe visible d'un monde intérieur qui s'entr'ouvre sous nos yeux dans l'œuvre de Carrière, — l'homme reste d'une « ressemblance » vérifiable pour chacun, avec seulement l'accent d'une intensité que tous ne lui connaissaient pas, et grâce à laquelle nous le voyons enfin, étonnés, parfois, de l'avoir jusqu'alors vainement regardé.

« — Une tache blanche où il y aurait tout. »

V

C'est une question pour certains : Carrière est-il un coloriste? et quelques-uns la résolvent par une négation catégorique. Ils conviennent qu'il soit l'égal des plus grands poètes par l'art d'exprimer et de propager l'émotion, des plus grands plastiques par l'entente des volumes ; ils lui refusent la couleur, observent qu'il ne dispose pas des contrastes, ne veulent voir dans l'emploi, par lui, du clair-obscur qu'un accident, trouvent toutes les vertus qu'ils lui dénient dans la moindre sépia de Rembrandt et déclarent, d'ailleurs, ne point entendre qu'on puisse nommer Rembrandt à propos de Carrière.

On ne saurait hésiter à leur donner raison sur un point ; rien de plus arbitraire, de plus inutile aussi que ces rapprochements, parfois ingénûment poussés jusqu'à l'assimilation, entre telles étoiles à jamais fixe dans le ciel de la gloire et les colonnes de feu encore en marche pour les rejoindre. Que ne se contente-t-on de parler directement des poètes et des artistes? S'ils existent, c'est par ce qu'ils ajoutent : cette part d'ajouté, qui ne permet de les confondre avec personne, ne déconseille-t-elle pas la comparaison?

Que si ce procédé gardait quelque opportunité, néanmoins, je serais assez d'avis qu'on s'égare en invoquant, dans le cas, Rembrandt ; on se laisse abuser par des rapports tout extérieurs et très généraux qui n'expliquent rien sur le fond des esprits. Que l'un humanise la sainte famille divine, que l'autre divinise les saintes familles humaines, ils relèvent tous deux de la tradition des Primitifs et la développent à des dates et selon des croyances d'où procèdent bien plus de différences que d'analogies. Quant au clair-obscur, très certainement Rembrandt et Carrière ne lui demandent pas les mêmes effets.

Plus légitimement encore que Whistler : « Pourquoi Vélasquez ? » Carrière, à qui l'eût accusé d'imiter Rembrandt, aurait pu répondre : « Pourquoi Rembrandt ? » Il me semble, le nom de Rubens interviendrait ici d'une façon moins oiseuse, sans pourtant que le mot imitation pût être proféré et seulement pour en venir à prier les détracteurs du coloriste de définir la couleur.

Regardez ces si beaux paysages blonds de Rubens — non pas ses figures décoratives, ni même ses portraits — ces paysages d'un seul ton se développant dans la lumière, avec de subtils passages d'ombre qui concluent l'accord du tableau : ne sont-ils pas d'un coloriste ? C'est, je pense, devant ces paysages, au Louvre, que Carrière, tout jeune alors, s'est reconnu, s'est connu, et je vois bien leur parenté, de lignes moins que de tons, avec ses recherches dans la lumière et dans l'ombre : l'œuvre du maître nouveau comme celle du vieux maître nous laissent voir tous les éléments essentiels de la peinture la plus riche. Le blond de Rubens et le roux de Carrière ne sont point monochromes et comportent au contraire l'emploi de toutes les couleurs dans une certaine tonalité et selon une dominante, des écarts mesurés et des rapports justes, — témoignent par conséquent des dons les plus délicats du coloriste.

Ou serions-nous, par hasard, exposés à confondre peinture avec polychromie éclatante? N'y aurait-il peinture que s'il y a bariolage? La splendide folie impressionniste nous a-t-elle à ce point dépravés et ne pouvons-nous jouir d'une œuvre picturale qu'à la condition d'y épuiser tout le prisme?

Qu'on ne me reproche pas de méconnaître la portée historique de l'impressionnisme. Il a toute la bienfaisante valeur d'une réaction nécessaire de la vie contre des habitudes et des enseignements qui fatalement acheminaient l'art à la mort; c'est l'épanouissement de la sève que David et ses élèves s'efforçaient de tarir, et qui déjà se faisait jour chez Delacroix. La joie de la vibration pleine des couleurs franches dans la clarté pure est une conquête à quoi tendait tout le siècle dernier, — ou, pour mieux et plus justement dire, une reconquête, une reprise, s'il est impossible de méconnaître que Giotto et l'Angelico, que Van Eyck et Memling, que tous les grands Primitifs ont goûté dans sa plénitude cette joie. Mais les Primitifs ne lui sacrifiaient ni le Style, ni l'Expression, ni la Composition. Ils voyaient dans la couleur l'un des moyens offerts à l'art pour dire le sentiment et la pensée. L'amour de la couleur pour elle-même trompe l'artiste sur ses véritables fins, l'expose à transgresser les ordres de l'esprit, à s'exagérer l'importance de la technique, le conduit à solliciter l'alliance dangereuse de la science, à faire le mauvais rêve du chef-d'œuvre à coup sûr. Dans quelque proportion qu'elle se produise, l'invocation de Helmholtz et de Chevreul par les peintres est un dangereux signe, et le geste vrai est celui de Verlaine excluant la science, « intruse dans la maison ». Ni Constable et Turner, ni Delacroix et Manet ne se recommandaient des savants, non plus qu'ils ne bornaient leur enchantement à l'effulgescence de la couleur. Je suis convaincu que ni M. Renoir ni M. Monet (1) ne se sont « soumis aux investigations de la science », mais je vois aussi clairement que les néo-impressionnistes en tiennent grand compte et y perdent beaucoup de forces et de temps.

Je crois en outre que tous les impressionnistes, les premiers comme les derniers, ont fait de la nature, objectivement considérée comme existant en soi, une idole et que cette idolâtrie a compromis les destinées de l'art; la tyrannie de la chimie et de la physique eût achevé de le perdre, s'il ne se réservait toujours, mystérieusement, invinciblement, dans les éléments mêmes qui le constituent, de sûrs recours contre les égarements des hommes.

Appréciant les méthodes comparées de l'artiste et du savant, Carrière, dans cette page qu'il m'a confiée, conclut à l'irréductible incompatibilité de leur action comme de leurs réalisations :

L'artiste est une sensibilité renseignée. Il ne procède pas comme le savant, qui constate les causes et

(1) André Fontainas : *la Peinture au XIX*e *siècle.*

les effets, et les démontre, mais au contraire il nous présente de toutes pièces l'ensemble synthétique de la nature, et ainsi nous communique la qualité de son émotion devant elle. Le savant veut avoir raison et nous en donne la preuve par le fait extérieur. L'artiste veut persuader par des raisons toutes morales. Nous faire participer à la joie de son admiration est son seul but.

De telles différences dans les points de départ et d'arrivée entraînent d'égales différences dans l'action, dans la réalisation. L'artiste ne saurait aborder le domaine scientifique dans le même état que le savant. Le savant classera avec rigueur tous les éléments. L'artiste fera déjà un choix dans ce qu'il jugera devoir élaguer ou retenir au profit de la figure qui s'ébauche en lui. C'est la nature de sa qualité émotive qui choisira, et à son seul profit. Les tempéraments divers procéderont nécessairement d'après leurs tendances caractéristiques.

Il me paraît donc tout à fait impossible de travailler avec des savants. La rigueur de leurs recherches, qui en fait l'intérêt, froisse trop l'artiste, qui subordonne sa recherche au désir de réunir dans l'expression les éléments dont il a senti la nécessité pour sa pensée. L'artiste, ému par la surprise de la beauté, se sert de termes de comparaison pour recréer l'aspect immédiat de la nature, celui qui l'éveilla par sa puissante et mystérieuse apostrophe vers l'unité.

Il n'y a donc là pour lui aucun devoir précis. La séduction seule le porte, dans l'intérêt de son idéal, à se renseigner et à retrouver partout les moyens d'expression que sa nature lui impose. Mais s'il ne se sent pas irrésistiblement appelé au travail, il ne doit pas se prêter à l'effort. On prescrit à des malades qui ne les aiment pas des nourritures très saines : elles les font maigrir davantage. L'esprit de découverte est une force de la nature. Nous ne pouvons rien si le dieu ne nous agite pas. Il n'y a pas de chefs-d'œuvre obtenus malgré lui ou sans lui. Les cahiers de pénitence des hommes les plus illustres ne manifestent que leur ennui.

C'est surtout à un certain âge, lorsque la personnalité est déjà trop formée, qu'il est difficile de retourner à des travaux imposés. Le tout jeune homme peut procéder du particulier au général, mais, passé le degré, il faut trouver dans le général le particulier, qui est l'œuvre d'art même.

La véritable œuvre de l'artiste, étude ou autre, doit être toute de joie. C'est la joie, c'est-à-dire la force de vie, qu'il communique : il est indispensable qu'il se sente transporté lui-même pour oser affirmer ce sentiment aux autres avec toute sa séduisante plénitude. Si ce n'est pas la joie qui vous est promise dans l'étude, ne vous y livrez pas par devoir, vous ne feriez que des pensums...

Il faut donc, puisque retourner en arrière n'est pas possible, concevoir sous le général tous les éléments qui le composent. Je crois que c'est le cas de tout artiste qui n'a pas commencé ses études par le particulier scientifique et qui éprouve le besoin de découvrir de quoi se compose le général.

On sent ici, sous cette parole directe, résolue, mais haletante, la protestation tacite d'un esprit passionnément épris de son idéal, confiant en ses moyens d'expression, contre les prétentions ou les tendances scientifiques des générations jeunes. Il ne les condamne pas, mais il pense atteindre par un autre chemin au but qu'elles visent. Episode de l'irréconciliable rivalité de l'Art et de la Science. Carrière se refuse à pratiquer, dans l'opération de son art, la méthode scientifique ; on lit entre les lignes qu'il songe à tous les grands artistes de tous les temps : l'observation de la nature, l'émotion intuitive, l'héritage de ce qu'il y a de pur et de sûr dans l'enseignement traditionel — le vrai, celui qui se borne à transmettre au disciple l'exemple du maître et son enthousiasme devant l'éternelle vie, sans cesse renouvelée dans ses aspects et inaltérablement constante dans ses profondeurs, — leur ont suffi. Les premiers et les seuls, les impressionnistes ont cherché à côté de l'art des moyens adjuvants. Comme il était fatal, ainsi dénaturée, l'œuvre artistique a perdu sa portée générale, lointaine, humaine, en même temps que le champ des visions se réduisait : et l'artiste oubliait cette discrétion du métier sans laquelle il n'y a pas de distinction véritable. Ces convictions, du moins, sont celles de Carrière. Il n'estime pas que l'œuvre de l'artiste commence et finisse avec l'acte de l'œil et de la main. Il voit dans l'impressionnisme une transition, qui fut utile, mais dont quelques-uns s'exagèrent l'importance, et il suit d'un regard sympathique et désintéressé les efforts des artistes arrêtés, peut-être attardés à cette formule. Ailleurs orienté, il prend sa date au lendemain de ce quart d'heure.

Je ne m'étonne point, en somme, que des peintres excellents, mais surtout préoccupés de la technique, aient méconnu le coloriste, chez Carrière. Ils s'enferment et se spécialisent dans les bornes de leur art ; Carrière ne touche à ces bornes que pour les reculer. Le spécialiste, chez lui, est gouverné par l'esprit généralisateur. Comme sa pensée hante tous les domaines de l'esprit, s'apparente à celle des plus beaux poètes, des plus hauts philosophes, son art voisine avec tous les arts, et ce peintre est un musicien comme il est un sculpteur. Dans ses tableaux, les proportions de couleurs et de volumes, de lumières et d'ombres, s'affirment par le développement purement symphonique du thème choisi. C'est le signe incontestable du grand style. Carrière connaît toutes les ressources de la fugue.

Cela dépasse la peinture, en quelque manière. — Louange dangereuse, dira-t-on peut-être. Mais n'est-ce pas le trait commun de tous les artistes de génie qu'on les sente trembler dans un divin vertige aux extrêmes confins de leur patrie spirituelle et palpiter d'un émoi quasi surhumain au bord de la découverte d'une forme inconnue, toujours entrevue et jamais possédée, où communiqueraient entre eux des termes incommunicables, où le groupe arithmétique (poésie et musique) des arts à expressions successives et le groupe géométrique (architecture, peinture et sculpture) des arts à expressions simultanées se manifesteraient ensemble dans le miracle d'on ne sait quel geste ubiquiste et seul ? Et, d'autre part, cette ambition, si nous la constatons en Carrière, lui est-elle si exceptionnellement particulière ? N'est-il pas le contemporain d'un Wagner, d'un Verlaine, pour ne nommer que ceux-là, qui l'un résout la musique en poésie et l'autre demande à la poésie « de la musique avant toute chose » ? Et ne voit-on pas que cette sorte de quête à l'infini emprunte aux conditions présentes de la production littéraire et artistique une signification profonde, manifeste une singulière compréhension de l'opportunité ?

Personne, du moins, ne refusera d'y reconnaître, une fois de plus, la passion de Carrière pour le total et l'ininterrompu et d'observer que cette association de tous les arts en un était rationnellement prescrite à l'artiste épris du dessein de tout dire. A qui mieux qu'à lui conviendrait cette devise où jadis j'essayai de noter mon propre désir : « Tout l'homme par tout l'art ? » Peu importe qu'il soit difficile de définir les matières auxquelles il recourt. Il suffit qu'elles soient harmonieusement combinées et clairement expressives.

Efforçons-nous de comprendre la révélation qu'elles nous font.

§

Des ombres solides dans l'ombre fluide ; la résistance de ces ombres vivantes à l'ombre menaçante et pourtant génératrice de vie ; l'évidence que ces ombres humaines sont des condensations épisodiques de l'atmosphère. — L'atmosphère ! C'est à propos d'elle que Carrière a été le plus attaqué. C'est justement en prenant le parti de rendre sensible l'atmosphère où s'agitent ses figures qu'il a le mieux témoigné de la pénétration de son intelligence, de la justesse de ses vues, de la certitude et de l'étendue de ses dons d'harmoniste. C'est aussi l'une des plus extraordinaires audaces que contera l'histoire de l'art.

Dans ce milieu nul et nu, l'artiste entreprend la découverte de la vie et donne la liberté à son *imagination*.

On sait ce qu'il entend sous ce mot; il a pris le soin de le définir : « Notre puissance imaginative est dans notre effort incessant pour nous rendre compte de nos rapports avec la Nature, de la place que nous y tenons, de la signification de notre venue parmi la foule des êtres. » Ainsi comprise, et c'est son vrai sens, l'imagination *n'invente* rien, au sens courant de ce vocable (1) : — « Nous sommes dans l'horreur de l'invention »... — ne rêve pas la folle entreprise de chercher des « formes nouvelles », des formes qui ne soient pas dans la nature, s'emploie à se faire des innombrables formes existantes une représentation harmonique, à pénétrer leurs raisons, à découvrir leurs rapports : « La Nature seule est capable d'émouvoir la véritable imagination humaine, *celle qui découvre dans le réel.* »

Que découvrir dans le réel ? Ses profondeurs, la réalité seconde ; Carrière est, je le répète, le révélateur de la réalité seconde. L'ombre qu'il a

---

(1) Mais dans son sens étymologique il se confond avec « découverte », et les chrétiens disent bien : « *l'Invention* de la Sainte-Croix. »

choisie pour décor était merveilleusement, uniquement appropriée à une telle évocation. Sur ce fond de rousses ondes les figures, éclairées comme du dedans, attestent ce « repoussé à grands coups dans la poitrine (1) » qu'est l'être humain. La beauté, la vérité de ces faces emplies et saturées de vie concentrée ! la grandeur simple de leur apparition ! On leur reproche d'être tristes, et je ne comprends pas ce reproche. Elles sont présentes à elles-mêmes, elles correspondent à la majesté de l'infini en elles circonstancié. Et n'oublions pas qu'elles habitent, comme une plage battue des vents, une époque d'insécurité, de recherche, d'inquiétude. Elles consentent à cette vie troublée, mais elles en souffrent. Elles sont animées par la pitié de l'artiste, qui fait en elles son propre portrait, mais à cette pitié elles apportent, avec la confession de leurs désirs infinis et de leur infinie faiblesse, de nouvelles raisons. Il n'y a point là de parti-pris morose ; il y a la noblesse auguste de la

(1) Carrière : « L'homme n'est pas une fonte, c'est un repoussé. »

vérité. Comment attendre de la vérité l'occasion de sourire ? Il ne s'agite rien ici qui ne soit d'une importance suprême, et ces figures pensives devaient être sérieuses. Mais telle est l'heure, et sa fausse légèreté, si pesante ! qu'on prend la gravité pour la tristesse et qu'un esprit élevé passe pour incapable de joie. Carrière a pourtant la joie de la nature et de l'art : double intensité de vie. Les prestiges du mystère qu'il affronte l'enivrent et, rejetant à l'arrière-plan les détails, ou même les noyant dans l'ombre propice, il joue, sur ce thème de l'effet centralisé et concentré, l'héroïque andante de la résistance de l'homme aux forces négatives dans l'accomplissement de sa destinée.

On ne comprendra que peu à peu la splendeur de ces visions. Même d'excellents esprits s'y sont trompés et n'ont vu que l'intense ardeur de l'expression sans comprendre la beauté décorative de compositions si voisines de la vie, mais qui vers si loin dépassent les premiers aspects. On admire que Carrière donne tout à ce souci de l'expression, « faute que l'homme d'aujourd'hui soit assez puissant pour les réalisations majestueuses (1), » — et on se trompe. Tout au contraire, Carrière est, avec Puvis de Chavannes et Paul Gauguin, le gardien des traditions grandioses. Il sait placer dans tel paysage vaste, par exemple, que ma mémoire choisit parmi l'œuvre (2), des figures humaines passantes et faire entre elles et lui l'accord significatif à l'infini. Le ciel et l'eau, l'ondulation des collines et de la plaine musicalement soulignent l'attitude et les gestes grands de cette humanité accablée d'amour, que quatre générations représentent les unes aux autres étroitement reliées par les gestes caressants des enfants et des mères. La majesté d'une telle œuvre est indéniable. Comment contester la force décorative dont elle témoigne ?

Comment, aussi, dire que Carrière borna sa vision, l'accuser d'avoir restreint sa curiosité ? Se promettre l'étude de tous les problèmes, la jouissance de tous les spectacles serait le fait d'un fou. Mais dans n'importe lequel des pro-

---

(1) Adrien Mithouard : *Le Tourment de l'unité.*
(2) *Figures dans un paysage.*

blèmes qu'on puisse se proposer de résoudre il y a tous les autres, et la moindre étincelle de vérité qu'on révèle sur tous les mystères projette une clarté révélatrice. « Un homme, disait Carrière, qui apporte une part de la vérité sent la vérité absolue sous toutes ses formes : il en est le héros. » Que s'il s'agit du problème humain, pensons bien que l'homme est un sous la diversité de ses apparences et que, pour l'évoquer tout entier, il suffit de marquer fortement en chaque individu sa faculté dominante. C'est à la découverte de cette ligne directrice que Carrière donne son premier, son principal effort ; l'œuvre est plus qu'à demi faite quand ce travail iditial est accompli ; c'est affaire ensuite de développements symphoniques où nous goûtons avec l'artiste les plus délicieuses jouissances. Il travaille, comme il vit, en profondeur. Son art est la fleur d'une vie intérieure prodigieusement intense. Il se recule dans le fond de sa pensée pour regarder à distance le spectacle du monde et le pénétrer sous l'un de ses aspects les plus significatifs. Les effets puissants qu'il obtient sont dus à ce recul. C'est de là qu'il perçoit les ondes magnétiques au milieu desquelles et grâce auxquelles les êtres évoluent. La rigueur du dessin dans l'ampleur de l'enveloppe affirme de réalité vérifiable ces formes vivantes, habitats de mystères, les précise dans une atmosphère qui les garde en relations avec tout. Mais le regard de l'esprit qui voit une part de la vérité appelle toute la vérité, une part du paysage, tout le paysage, une part de l'âme, toute l'âme.

Les êtres vivants sont pour Carrière des signes dont il dégage le sens et l'orient. Nous allons, par quelques exemples, essayer de le suivre dans cette alchimie d'art et d'âme, inimitable et qui le laisse solitaire.

VI

Mon intention ne saurait être de dresser le catalogue de ses ouvrages. Ce renseignement indispensable ne manquera pas d'être donné aux amoureux d'art ; autre est mon objet (1). J'aurai complété ces affirmations jusqu'ici parfois un peu trop abstraites, sans doute, en invoquant, pour les justifier sous des espèces concrètes, quelques-unes des plus belles œuvres de Carrière, — et il ne me restera plus que la joie mélancolique de réunir, pour conclure, en une dernière image, les traits les plus précieux de son génie épris de l'avenir.

(1) Voyez toutefois à la fin de ce volume un premier essai de nomenclature.

§

Grands épisodes de la vie spirituelle et sentimentale. — Maternités, Baisers, le développement de l'Enfant, le travail de l'Artiste. — Portraits (huiles et lithographies), Nus, Paysages, Compositions symboliques et décoratives : ainsi se spécifie et pourrait se répartir selon les « sujets » cette œuvre considérable. Mais elle n'a qu'un sujet, au fond, la Nature, son sens et sa beauté.

Immense et fervent hommage à cette Nature dont l'homme est le témoin conscient.

Carrière est amoureux d'elle; il nous convie à la joie de partager cet amour. « Celui qui parle de la nature pour la faire aimer, me disait-il, et celui qui se sert de la nature pour sa propre

gloire : l'amoureux et l'ambitieux ; la joie d'aimer suffit à l'amoureux, l'ambitieux réclame un paiement supplémentaire, *en dehors de l'objet.* »
Carrière n'est pas cet ambitieux. Il admire, il adore avec trop de passion pour avoir le temps encore, en outre, de chercher des satisfactions passagères, secondaires. Son exécution, qui retient seulement l'essentiel des formes, procède d'une pensée absorbée toute et toujours extasiée dans l'étude des phénomènes essentiels de l'être universel. Le secret de l'indivisible unité de son œuvre, de la parenté si nette, si évidente de toutes ses œuvres, est là, dans ce religieux amour, l'âme même de son âme.

Ces enlacements si tendres de ses Baisers, ces appels caresseurs de bras maternels, auxquels correspondent étroitement les gestes de foi naïve, de tendresse animale des petits, c'est le phénomène humainement spécifié de la rencontre harmonieuse et de la réunion de toutes les lignes qui signifient la direction des forces vitales ; c'est le sommet de la vie.

Partout identique dans ses fins originelles et

dernières, elle évolue partout selon les mêmes lois d'heureuse nécessité et de partout s'achemine à la Conscience, en acquérant de degré en degré plus de beauté et plus de dignité.

§

Les Maternités me disent plus clairement peut-être que toutes les autres compositions de Carrière combien vraie fut sa compréhension de l'humanité au temps où lui-même il était désigné, par les qualités supérieures de son intelligence et de sa sensibilité, pour l'étudier dans sa complexité immense et dans son unité, comme pour la représenter dans sa gloire.

Ce sont proprement les Saintes Familles *Humaines*, très saintes d'être très humaines, par là les plus religieuses de toutes. L'artiste rappelle à ses contemporains, privés du réconfort des révélations anciennes, qu'ils portent en eux le principe éternel, éternellement fécond, de l'espérance, que leurs joies et leurs devoirs sont inséparablement mêlés. Il connaît, il partage leur besoin de vie intense ; il leur dit, autrement que Tolstoy(1) et contre Ibsen (2), que les éléments d'une telle vie sont dans le rayonnement immédiat de leur personnalité, dans sa multiplication par l'amour et dans cette perpétuelle présence active de toutes les forces que l'amour et les péripéties de l'amour sollicitent. Fidèle aux principes qui gouvernent son esprit, invariablement convaincu que, d'une part, le consentement réfléchi aux lois de la nécessité et, d'autre part, le si légitime désir de l'indépendance et du repos conditionnent l'être humain et sa beauté, il nous montre la plus haute expression concevable de beauté vraiment humaine dans cette sublime image de la Mère, vigilante, et partagée entre l'orgueilleux bonheur de sentir palpiter, de voir grandir dans ses bras le petit être fait de sa chair amoureuse, et la terreur des innombrables possibilités noires. Le sacrifice de son personnel « droit au moindre effort », qu'à des nécessités supérieures sans cesse elle consent, donne à tous les instants de

(1) « Le Salut est en vous. »
(2) « L'homme le plus fort est celui qui est seul. »

son être, à ses attitudes, à ses mouvements une divine logique. Et c'est la glorification de l'effort conscient de son utilité, en relations directes, étroites, évidentes, avec son but. Nous apprenons cette vérité consolante : les circonstances qui nécessitent le plus grand effort et le plus soutenu sont aussi les plus productives de beauté. Enseignement d'héroïsme donné par la tendresse ! Il n'est pas contestable, le droit au moindre effort ; mais la créature humaine est d'autant plus belle qu'elle y renonce davantage, et celle qui l'a tout à fait abdiqué est la plus belle de toutes. C'est la Mère. Carrière l'impose à notre vénération en nous appelant à l'admirer dans l'extase active de son dévouement. La Religion de l'Humanité chercherait en vain objet plus digne d'adoration. Elle ne refuse certes pas à l'ouvrier misérable la pitié, et loue le statuaire dont l'honneur fut de dire cette misère ; elle prodigue l'enthousiasme aux intelligences supérieures, à ces divines enchanteresses de la poésie et des arts auxquelles nous devons

> Le meilleur témoignage
> Que nous puissions donner de notre dignité,

et sur ces deux efforts, qui requièrent inégalement les énergies, elle fonde son temple idéal : sur l'autel et dans le sanctuaire, ou sur le sommet de la tour, elle place l'image de cet autre effort où collaborent incessamment tous les éléments du composé humain, où se rencontrent le passé et l'avenir et qui affirme la foi de l'espèce en sa continuité. C'est dans ce sens que les Maternités de Carrière sont si ardemment religieuses, et c'est en proposant à ses contemporains ce rite, l'adoration de la maternité, qu'il prouve sa profonde compréhension de leurs besoins les plus vitaux, les plus élevés.

Ceux qui se plaignent de la tristesse monotone de ces tableaux religieux n'en ont point pénétré la signification réelle. Il y a aussi une monotonie grandiose et une magnificence triste dans les rhythmes des vagues marines, ces tueuses et ces créatrices. Ici et là, c'est la même résignation fatale et généreuse aux travaux de la reproduction, et nous retrouvons les mêmes caractères sacrés dans l'œuvre des saisons qui fécondent la terre, l'endorment et la réveillent pour l'épanouissement et pour la vendange.

Nous ne savons pas si la terre et la mer possèdent, comme les Anciens l'ont pensé, une âme capable de désirs et de joies. Mais la femme — ainsi que la terre et la mer « elle recueille, forme et transmet la vie « — a, doit avoir la conscience de sa mission ; cette conscience comporte d'inlassables facultés de souffrir, le sentiment de terribles responsabilités, une prévoyance qui peut être la vigile de toutes les douleurs, la préparation au sacrifice volontaire, accepté dès qu'il sera demandé. Ce thème austère invite aux plus graves méditations, il abîme la pensée dans un respect infini. Devant tant de grandeur, elle cède à l'effusion d'une piété véritable, elle accepte avec une joie sérieuse la nécessité d'aimer la nature entière dans cette suprême expression de sa force, qui résume toutes ses volontés : la maternité humaine.

Carrière excelle à suggérer, on ne saurait proprement dire par quels sortilèges, les analogies de la nature universelle et de la nature humaine dans cette grande fonction de la fécondité. Ses larges et pleines lignes courbes, qui s'enlacent et se continuent, nous rendent les témoins d'un mouvement qui ne s'interrompt jamais. Et comme la terre, en effet, ses mères ne se reposent jamais.

J'en sais une entre cent autres : une mère qui dort, tenant contre elle son tout petit enfant endormi aussi ; quel abandon total, lourd, quel repos sans rêve, le sommeil de l'enfant ! Mais que le sommeil de la mère est léger, malgré l'accablement de toutes les fatigues ! Et n'est-ce pas ainsi que dort la terre, dans la nuit et l'automne, cependant qu'en son sein fermentent éperdûment les sèves ? Cela est d'une généralité extraordinairement expressive, d'un lyrisme vaste qui s'affronte aux plus magnifiques odes. — Mais la piété qui nous prend devant de telles œuvres, et qui suscite en nous une irrésistible adhésion à je ne sais quel panthéisme sentimental et très philosophique, pour être grave n'a rien de désolant. Elle nous incline devant cette vérité, à laquelle Carrière, si pénétré d'elle, voudrait de toutes ses forces nous ramener et nous retenir, que nous ne sommes point des passants isolés dans la nature immense, que nos plus beaux instincts ont leur sanction en elle et leurs correspondances; nous sommes d'autant plus et mieux nous-mêmes que davantage nous nous sentons confondus avec elle et comme perdus en elle.

§

Ce sentiment de la vie générale, universelle, il l'a, sans jamais se lasser de cette étude, indéfiniment cherché, approfondi, chez les enfants. Point déformée encore par la société et le destin, la vie qui commence plus sûrement dénonce qu'elle ne fera, plus tard, quand les années l'auront atteinte, son alliance avec les éléments, et j'ai noté déjà la parenté, de volumes et de lignes, et de nuances, que Carrière trouve entre l'enfant et la fleur et le fruit.

Il aime tout en lui, — le modèle qui ne pose pas, comme ce fruit et comme le paysage, mais qui donne en outre l'émotion d'une vie supérieure en train de s'adapter à son but, de formes qui s'offrent à la beauté, c'est-à-dire qui s'apprêtent à leurs fonctions, — l'occasion de vérifier ses pressentiments de toutes les lois du monde, les grandes analogies, l'infini résumé, le désir de vivre qui rejoint toutes vies, — des principes naïfs et sûrs de décoration, — une psychologie, non pas plus compliquée, mais plus fine et plus logiquement déliée que ne la soupçonnent ceux dont les gestes d'un enfant n'ont pas longuement arrêté le regard. — Au berceau, dans les bras de sa mère, nu, épanoui dans la blancheur des langes, en train de jouer et de rire, en train de s'essayer à l'ébauche de gestes qui ne rencontreront pas avant longtemps leurs motifs, aussi dans ces rares et inquiétantes minutes où, silencieux, immobile, il semble écouter des voix que l'homme n'entend plus, partout dans l'œuvre de Carrière se multiplie l'enfant, et l'artiste aurait pu pour signature prendre la silhouette d'un enfant.

Cette prédilection n'a rien qui puisse nous surprendre. Déjà, non pas à titre d'accessoire, mais de but, elle s'expliquerait par une nécessité chez le poète plastique des Maternités ; elle prend un sens nouveau chez le peintre que j'ai essayé de montrer, s'efforçant de dégager la forme du fond des ombres où elle s'est constituée : chez le peintre de la perpétuelle naissance de la vie. Il a pu voir dans l'enfant le symbole même de son art, l'image expressive de sa pensée.

Ai-je besoin d'ajouter que nous reconnaîtrons aisément l'homme aussi dans cette préoccupation tendre, le père ? Avec quel amour nous le voyons s'attarder à scruter de toutes les forces de son esprit et de toutes les sollicitudes de son cœur, d'année en année, les transformations que la vie apporte dans le visage de ses enfants ! Il a ainsi écrit avec le pinceau des histoires d'âmes ; singulièrement pathétiques, signées de cet artiste et de ce psychologue ! Qu'il serait émouvant de les lire dans une galerie pleine de ces successifs portraits de six modèles nettement marqués des traits caractéristiques de la même grande famille ! — Mais ce père était cet homme exceptionnel, l'amant de l'humanité toute. Plus encore, peut-être, que des êtres faits de son sang et de son cœur, il aimait dans ses propres enfants les représentations de la totale humanité, et, sans cesser de leur garder sa préoccupation la plus passionnée, il étudiait dans leurs personnes la vérité de tous les enfants et de tous les hommes; sans franchir le cercle de la famille son regard l'élargissait en généralisant toujours davantage les observations qu'il y avait faites. Ainsi, très nettement spécialisées par l'atmosphère et les types, des scènes d'intérieur (*Famille — l'Enfant malade — le Premier Voile*) prennent sous sa main le sens et le style d'un temps, d'une race, et, les murs dépassés de la maison où elles eurent lieu, échappent à l'accident pour nous conter notre vie à tous en lui conférant la dignité que notre juste orgueil et notre amour y pressentaient.

Je ne chargerai pas ces pages de noms glorieux que chacun selon son choix peut se redire; mais évoquez les plus grands : citerez-vous un seul peintre qui, plus fortement, plus personnellement, ait dit la vie tendre, la vie moite et douce, et forte, de cette collectivité réduite et vaste, foncièrement typique de toute réunion sociale, la Famille ? Quelle atmosphère de joie et d'amour nous respirons chez lui ! Comme on sent que chacun de ces êtres est indispensable à tous les autres et que véritablement ils ne font qu'un ! Et comment ne pas voir aussi qu'ils évoluent en pleine indépendance, que les habitudes s'établissent, que les aptitudes se développent en voisinant sans se jamais gêner réciproquement? Association féconde et charmante de libertés harmoniques. Elle nous est révélée par les purs prestiges d'un art qui trouve là son thème idéal, celui de la vie vraie, simple et profonde, dans le grand amour, et dans la pleine activité, et dans la joie, — d'un art qui n'a point, quoi qu'on en ait dit, de grandiloquence, mais qui, bien au contraire, se voue directement et simplement à l'expression de notre humble et seule authentique grandeur, celle que nous manifestons presque sans gestes, par l'expansion naturelle de nos plus intimes sentiments.

Il faut, pour que cette franchise nous soit permise, que nous nous sentions absolument libres, et je viens de noter l'évidente liberté personnelle des unités qui composent la Famille de

Carrière ; les individualités se dégagent par le désir de toucher aux extrêmes limites de leur développement possible, et ces différences font un concert. Elles procèdent, non pas d'une superstitieuse foi en la conformité, qui les laisserait les unes auprès des autres inertes et sans lien, mais d'un juste sentiment de solidarité qui jamais ne leur permit de croire à l'isolement et sans cesse les aiguillonne d'ardente et affectueuse émulation, où le mutuel respect et la sincérité rivalisent eux-mêmes en chacune d'elles.

Cette conception — celle, car on ne saurait se dispenser de l'indiquer à propos d'un artiste aux si profondes préoccupations sociales, de la grande famille « moderne — » permettait à l'Intimité de s'élever jusqu'au Style : on ne méconnaîtra pas que ce mot caractérise les Intimités de Carrière. Pour y parvenir, il s'est inspiré du sentiment direct, de l'observation passionnément patiente, non point de la tradition, ni d'un idéal arbitrairement élu. Dans cette direction la plus chère à son cœur il s'en est, comme toujours, remis à l'instinct qui lui faisait tout attendre de l'esprit de découverte, et s'il est arrivé au type, à l'absolu expressif de cette Intimité humaine, c'est en cherchant la vérité. Cette recherche a illuminé pour lui le mystère des immédiates apparences, du décor quotidien, et l'a conduit à une sorte de symbolisme instinctif et lucide, très religieux, des scènes les plus familières : à l'encontre de ces artistes de la Renaissance, du reste admirables aussi, qui transposèrent la légende chrétienne dans des scènes familières où ils ne nous laissaient plus voir que le miracle de l'amour humain, Carrière retrouve dans cet amour les éléments primitifs et essentiels du mysticisme qui fut le principe de toutes les religions et il instaure — je ne dis pas une religion nouvelle, au contraire, — la religion éternelle repuisée à ses éternelles sources, — éternelle, universelle, humaine.

Mais cette famille est *celle* de Carrière, celle d'un artiste ; il est naturel que la pensée du père en fasse le centre et le sommet, que ses travaux y prennent le sens d'un enseignement, la portée d'un exemple. Il est naturel aussi que cet enseignement et cet exemple rencontrent chez les enfants de l'artiste des instincts harmoniques, des forces préparées. « Qu'un enfant répète exactement le geste paternel, a écrit Carrière, c'est une nouveauté dont on ne se lasse de s'émerveiller. » Les prédilections artistiques de ses enfants ajoutent au caractère général de de la Famille de Carrière le caractère singulier qui répond de sa vérité en la spécialisant. Le père a suivi avec émotion les tâtonnements de ses élèves aimés; quand il a vu briller à leur front l'étincelle d'un désir encore hésitant et déjà averti des difficultés au prix desquelles l'artiste achète la joie de se reconnaître dans la nature, il s'est souvenu de ses premiers essais en même temps qu'il frémissait d'admiration devant cette adorable image de l'homme s'efforçant de prendre conscience de soi et de la vie. Nul ne pouvait être plus que lui sensible à un tel spectacle. Il a payé sa dette de gratitude à la destinée qui lui accordait ce bonheur par un chef-d'œuvre : *l'Étude de la Nature.*

Un jeune homme, le fils du peintre, a entrepris le buste d'une jeune fille, sa sœur. Ils sont tous deux d'une vérité incontestable, elle, immobile dans la pose consentie, très simple et si grande dans sa simplicité, lui, debout, nous laissant voir de trois quarts le type rajeuni de son père même, aux moments où l'attention crispait ses traits. Ce sont deux portraits fidèles, mais leur fidélité même les dépasse, et, à force de ressemblance et de justesse, ces deux figures deviennent étrangement symboliques : l'une, passive et impassible à la fois, l'autre à la fois impatiente et respectueuse.

C'est l'Homme interrogeant la Nature.

Elle ne peut rien pour lui faciliter, lui abréger l'initiation ; la réponse qu'il lui demande, c'est en lui qu'il doit la trouver ; ou plutôt, elle lui répond sans cesse, et tous les éléments qui la composent et tous les aspects de ces éléments sont des réponses : à lui de savoir les entendre. Il doute. De ses deux mains levées, l'une semble vouloir saisir le modèle, comme si le tact en pouvait dire plus que la vue, et l'autre — en pétrissant la petite boule d'argile où tout est contenu ! — hésite devant l'ébauche, cherchant la note, l'accent, la ligne justes, et ce double mouvement trahit une admiration, une passion, une inquiétude infinie. L'atmosphère recueillie accentue ce trouble par le contraste qu'elle fait avec lui. Jamais plus clairement que devant ce tableau nous n'aurons compris la convenance, la nécessité de cette atmosphère fluide et sensible. C'est elle qui approfondit le « sujet » jusqu'au symbole. Dans un atelier plus précisé, même discrètement, ceci serait une anecdote : une jeune fille est venue poser chez un jeune statuaire. Mais Carrière ne laisse s'égarer ni notre regard ni notre esprit. Uniquement ce qu'il veut que nous regardions il nous montre, et les amples ondes harmonieuses, qui circulent autour des acteurs de ce grand drame et les relient, nous avertissent que nous sommes hors de l'espace et du temps, vers l'au-delà réel où réside la vérité de la vérité.

§

Carrière n'a fait que des portraits. On pourrait dire aussi qu'il n'a jamais fait de portraits. Ses Maternités, cette *Etude de la Nature*, ses *Figures dans un paysage*, même ses grandes compositions décoratives, ont été peintes devant des modèles étudiés dans leur réalité individuelle et marqués par l'hérédité de la vie. Seulement, au fond d'eux l'artiste a cherché la réalité mystérieuse dont ils étaient les épisodes visibles, l'idée générale qui faisait, fût-ce à leur insu, leur motif réel de vivre ou qui expliquait leur présence. Par là, ces portraits sont des tableaux très volontairement composés.

Il apporte les mêmes préoccupations dans ses portraits proprement dits. Elles lui ont permis de renouveler un genre antique, où innombrablement avant lui l'art avait trouvé tant de gloire. L'unité de l'homme évoquée par l'une de ses facultés fortement exprimée appelle au jour l'être intérieur, schématise sa construction spirituelle et sensible, proclame ou dénonce ses vertus ou ses tares, fait, enfin, jaillir au delà des apparences l'Idée qui les supporte.

Grands tableaux où il employait toutes les ressources de tons, préparations au brun, lithographies : Carrière, par ces trois procédés, a peint une nombreuse série, précieuse, d'effigies contemporaines toutes représentatives d'importantes catégories de l'intelligence ou de la beauté, toutes composées à l'égal des œuvres où plus manifestement intervient l'imagination. Et c'est l'imagination, en effet, qui préside ici comme partout, c'est elle qui découvre dans l'œil de l'homme, spectateur et acteur du drame de la nature, et dans son visage, expressif des sentiments que la nature lui inspira, l'amalgame personnel, l'être original résulté de la rencontre de la nature et de l'âme : ainsi nous enseigne-t-il que l'infini se résorbe, et, selon chaque individu, se nuance en la pensée de l'homme et dans son visage, miroir de cette pensée.

L'intérêt psychologique de ces compositions est extrême, unique ; du reste inséparable de la jouissance plastique purement, qui le traduit et le prolonge dans l'empire de la sensibilité. — L'intuitif contraint, et jusqu'en ses partis-pris sincère, le bon enfant impérieux, le grand seigneur et le très moderne homme de lettres apparaissent ensemble dans le portrait d'Edmond de Goncourt. — Celui de Daudet avoue l'esprit délicat et faible, vaincu par la douleur et grandi par elle, atteignant dans la définitive défaite à la noblesse élégante. — Une sensualité supérieure qui serait la synthèse de toutes les vigueurs, amoureuse et valeureuse, relevée de cette délicatesse influée d'un divin commerce quotidien du génie avec la nature : Auguste Rodin ; sous les dehors surtout de la force, Carrière a discerné dans l'âme du grand statuaire la suavité singulière que respire ce puissant visage, et qui l'adoucit sans l'affaiblir, quand il sourit en parlant des choses qu'il aime ou quand il les regarde. — Jean Dolent, dans les trois portraits que Carrière a faits de lui, livre le secret d'une énergie qui ne gesticule pas, d'une finesse et d'une lucidité extraordinaires ; dans celui où l'écrivain est représenté avec sa fille qui offre une fleur à un chien (salon de 1888), une gravité tendre, attentive, concentrée, est empreinte sur le visage paternel et contraste sans violence avec la gaieté de la petite personne blanche aux bras ouverts dans un geste dansant.

Carrière aimait ces rapprochements de deux figures étroitement apparentées et par l'âge distantes ; il a mis de même auprès de Daudet sa fille, mais ici nettement on distingue l'avenir qui s'échappe du prochain passé. Dans les portraits de Fontaine et de sa fille, de Séailles et de sa fille, le sentiment est différent, l'union des deux êtres plus certaine malgré la sollicitude qui point dans les yeux des pères. Et comme il a fait le portrait collectif de sa propre famille (1) il a peint d'autres ensembles familiaux, Ernest

(1) Au Musée du Luxembourg.

Chausson et sa famille, par exemple, d'un si beau groupement.

Jamais il n'a consenti à la caricature ; il n'avait que du mépris pour cet envers négatif de l'art. Mais, si je ne me trompe, il a cédé une fois au conseil d'une vérité excessive. Rochefort, tout en cheveux de neige qui flamblent et en prunelles ardentes, tout en feu, avec sa figure longue aux pommettes saillantes, sort de l'ombre, lui, comme d'une boîte à jouets, comme un épouvantail, inoffensif, quoique il se puisse croire terrible, et l'ardeur dont il brûle n'est pas celle de la vie intérieure.

Les silhouettes féminines qu'il a fixées témoignent du don de la souplesse et de la grâce chez l'artiste qui si vivement s'intéressait aux profondeurs de l'intelligence, aux complications psychologiques. Nous connaissions déjà sa vénération religieuse pour la femme. Elle est, naturellement, surtout sensible dans les nombreux portraits de Mme Carrière. Distinguons ici de l'auguste figure centrale de toutes les Maternités, où elle est moins elle-même, encore que toujours fidèle à elle-même, qu'un vivant symbole, l'être personnel étudié en soi. La dignité simple de ce grand visage est rassurante, commande le respect et la sympathie, dit une âme forte et droite, invariablement attachée à des devoirs et à des tendresses qui sont indissolublement unis. Il prend avec les années venantes et surtout sous la menace de l'inconsolable douleur — je revois les derniers portraits, ceux que signait l'artiste en pensant à laisser à la compagne de sa vie un suprême souvenir — une majesté touchante. Mais le portrait de Mme Bréval est tout de charme, comme il y a dans celui de Mme Ménard-Dorian l'éclat d'une intelligence dominatrice, tempéré par l'habitude de la représentation mondaine...

Parlerais-je une fois de plus de la puissance et de la dextérité constructives dont ces portraits font la preuve ? « Chez Carrière, écrit Gustave Geffroy, comme chez les maîtres, la peinture, qui est un travail de surface, donne la sensation du volume et de la pesanteur. Il exprime le plein du front, la rondeur et le creusement des joues, l'ossature des pommettes et des mâchoires, il montre la continuité interne qui relie à cette armature le nez, le menton, la sinuosité des lèvres, la cavité où s'enchâsse l'œil. Il y a la beauté solide et mécanique du squelette dans chaque portrait peint par Carrière. » Cette solidité de la construction, exactement comme dans un monument celle de la charpente, constitue la qualité viable et durable de cette peinture. Sous le pinceau comme sous un doigt créateur, les chairs s'adaptent logiquement à cette charpente osseuse, faite pour les soutenir et qui explique ou justifie leur luxuriance ou leur pauvreté, dévoile leur état sain ou maladif. A ces os et à ces chairs, la vie s'ajoute, celle que j'ai essayé d'indiquer, la vie profonde ; et dans le milieu d'éternité où est projetée cette vie elle se meut, rejoignant toute la vie de tous les temps.

Car l'artiste ne s'arrête point à la minute qui passe ; d'elle il ne sait rien, sinon qu'elle *passe* pour rappeler et appeler toutes les autres minutes et composer avec elles la vie mourante et impérissable ; il ne prend donc de la minute que son chemin : le passé et l'avenir s'y rencontrent et s'y unissent dans les instants d'intensité où l'homme heureusement perd le sens du successif de la durée. Ainsi l'artiste avec les minutes fait de l'éternité en mouvement, de l'éternité humaine.

Il semble avoir spécialement commis aux mains le soin d'exprimer ce mouvement. Elles ont, ces mains peintes par Carrière, une faculté d'expression incomparable. Elles sont éloquentes et volubiles. On croit entendre le sang chanter dans leurs minces phalanges. Elles s'allongent et, comme pour renouer la chaîne universelle, pour protester contre l'isolement apparent de l'être, elles cherchent dans l'ombre, elles cherchent — d'autres mains. Et Carrière se plaît à sinuer leurs souples délinéaments. Il les a chargées de traduire la suite infrangible de la vie.

Aux yeux, au regard il a confié le soin de dire l'existence personnelle, concentrée, ardente de chaque vie. J'ai observé parfois qu'on s'inquiétait de l'intensité lumineuse donnée par Carrière aux yeux de ses figures. Ils y marquent deux trous de feu, et d'eux, le plus souvent, émanent toutes les clartés qui vont s'atténuant vers les fonds du tableau, en passant et faiblement se raniment aux ors à demi éteints d'un cadre, à l'opale ou l'iris d'un verre ou d'un vase, pour achever de mourir dans l'ombre que tout deviendra. Ne comprendrons-nous pas tout de suite la pensée du peintre et la hardiesse expressive de sa réalisation ? Ceux qui l'ont connu, ceux qui revoient dans leur mémoire ses propres yeux, ne s'étonnent pas qu'en ceux de ses modèles il ait vu luire le feu intérieur de l'âme s'exhalant, l'éclair du métal en fusion des passions et des pensées. « Ces yeux sont des puits faits d'un million de larmes », les uns, et dans d'autres il y a toutes les perles de l'aurore et de l'espérance, et dans d'autres et d'autres les braises de l'orgueil, les flammes de la pitié, les cristaux éblouissants de l'intelligence. Le peintre imagine son modèle au moment de sincérité le plus souvent inconsciente où celui-ci confesse sa vérité ; cette imagination n'a rien d'arbitraire : c'est la lecture des signes inscrits par la vie sur le livre vivant ; et cette imagination est celle d'un psychologue : elle sait discerner sous l'action de quel sentiment tel homme connaît et manifeste le plus expressément sa personnelle ardeur de vivre, selon ses facultés, ses instincts, son éducation, ses habitudes. Dans un semblable moment, les yeux brillent! C'est l'affaiblissement de la sensibilité et la couleur proverbiale des pensées qui font qu'on s'étonne de ces flammes. Les yeux ternis répugnent à l'éclat, les cœurs diminués ne conçoivent point la passion. Mais Carrière la respirait et la propageait. Il ne pouvait s'arrêter à considérer les hommes qu'il ne la retrouvât en eux.

Certainement il les grandissait, il les ennoblissait — car toute exaltation a une beauté, — mais dans leur sens naturel et selon leur type. Il accomplissait ainsi le devoir de l'artiste, qui est de chercher sa joie dans l'affirmation en éliminant autant que possible les éléments négatifs, et le devoir du penseur, qui est, non pas d'humilier l'homme devant la preuve de sa faiblesse et de son indignité, mais de le consoler et de lui donner sans cesse de nouveaux motifs d'espérance en lui rappelant les ressources de sa propre nature. Enfin — si nous gardons présente à notre esprit l'intention, primordiale chez Carrière, de maintenir chaque forme particulière en relation avec les formes générales et de nous montrer une synthèse absolue de la terre en toute créature — nous ne nous défendrons pas d'observer une émouvante analogie entre l'ardeur souterraine qu'accuse la terre par ses irruptions enflammées et l'ardeur intime dont témoignent les feux de la prunelle humaine (1), comme entre les feuilles des arbres, qui cherchent la lumière et l'air nourriciers, et ces mains tendues, en quête aussi de nourriture, mais sentimentale, — appui à donner ou à recevoir, sympathies à échanger, — et nous reconnaîtrons une fois de plus la méthode de transposition du monde physique au monde moral, qui est l'art de Carrière et la Poésie même, c'est-à-dire le Symbolisme.

(1) Rappelons-nous ces mots de Carrière (dans *l'Art de Rodin*) : « La terre *projette* au dehors ses formes apparentes, images, statues, qui nous pénètrent du sens de sa *vie intérieure* ».

§

A regret je clôrais ce chapitre — inépuisable ! — des portraits, assuré de le laisser incomplet, puisque je dois me contenter de signaler sans plus d'insistance certains des plus beaux, des plus grands en dépit des brèves bornes des cadres, — ces têtes de jeunes hommes, de jeunes filles, d'un modelé si puissamment expressif, d'un style si pur, et qui invinciblement font songer, non point à une répétition, mais à une suite de certaines glorieuses effigies de la Renaissance, — s'il n'était trois au moins des portraits peints par Carrière devant lesquels je ne puis me dispenser de m'arrêter.

Les deux premiers sont deux portraits du peintre. L'un (1), daté de 1887, nous le montre

(1) Appartient à Jean Dolent : c'est celui qui décore la première page de ce livre.

dans la période de la pleine lutte. L'artiste a déjà connu la joie des premières victoires et il est jeune encore. Il a toutefois beaucoup souffert. Mais tout en lui parle d'une énergie que rien n'émoussera.

« C'est le Carrière du beau départ, m'écrit Jean Dolent. En le regardant, je pense au Wagner du *Tannhœuser*, au Rembrandt de la *Leçon d'anatomie*. Carrière, il y a vingt ans ! Je pense aussi au Gauguin de Pont-Aven. »

O l'équilibre et la certitude de cette tête héroïque ! L'agitation de ce front où le sourcil se crispe dans le joyeux et douloureux effort de la pensée ! La bonté et la sensualité de cette bouche ! La force qu'affirme la carrure de ce menton ! L'éclat vibrant, le double éclair fulgurant de ces yeux de voyant ! L'appel tendre et le vaillant défi qu'exprime toute cette tête d'un homme d'action et de victoire !

Le tableau est peint dans des tonalités plus nettes qu'ensuite Carrière ne les aima ; la couleur des yeux bleus, des cheveux blonds, de la chair, est d'un réalisme plus immédiat. Mais l'artiste est dès lors en pleine possession de son dessin et, comme tous les autres, ce tableau est le développement logique et musical de la lumière, selon le ton choisi.

En face de ce portrait tout palpitant d'espérance, qui crie l'amour de la gloire et qui avoue quelque impatience encore juvénile, regardons l'autre (1). La gloire est venue, et la douleur, et déjà « la menace finale ». Il n'y a plus d'impatience dans cette figure grandie ; il y a une résolution de voir, une concentration attentive. C'est Carrière au travail. L'œil cligne, et la paupière se gonfle, et la bouche frémit. La tristesse ne se cache pas, mais elle s'enveloppe de courage, et plutôt que d'entraver l'action elle la précipiterait. Voilà l'image dernière qu'a voulu laisser de lui-même l'artiste à ses amis, au monde ; c'est un conseil, un exemple.

Paul Verlaine. — Les poètes s'emploient volontiers à sculpter, au bénéfice des artistes plastiques, la statue de la gloire ; il est rare que Rodin

---

(1) Appartient à la famille. Carrière l'a fait reproduire pour la carte du banquet offert à l'artiste le 20 décembre 1904.

fasse le buste d'Hugo. Lamartine, Vigny, Musset, Baudelaire (1), Leconte de Lisle, Villiers de l'Isle-Adam auront passé sans que, par son génie même sommé d'entendre leur génie, le plus grand peintre ou le plus grand sculpteur de leur temps ait pris la peine de réserver à l'avenir l'image fidèle d'entre tous vénérables exemplaires d'humanité. Tardivement, geste sublime de réparation, Rodin, encore, exhume des limbes du siècle et de la nature Balzac, contesté aussitôt pour demeurer à jamais évident; mais on ne peut attendre de personne tant de dévoûment favorisé de tant de génie et de bonheur qui nous rende Rabelais et Shakespeare. — Whistler, Gauguin ont fixé, l'un l'attitude et le sourire, le second, les traits fermes et le regard interrogateur de Mallarmé. A Carrière, qui scruta le rêve aussi d'autres poètes, nous devons le seul portrait digne et véridique, malgré tant d'autres tentatives (2) destinées à compliquer une iconographie, de Paul Verlaine.

(1) Toutefois, Courbet et Fantin-Latour ont laissé d'incomplets, mais expressifs portraits de Baudelaire.
(2) Exception faite du Verlaine, jeune, de Fantin-Latour.

Je ne rapporterai la part que j'eus à l'événement qu'à titre de témoin : l'une des plus belles œuvres d'art de ce temps a son histoire.

Le poète, malade, était à l'hôpital, à l'autre extrémité de la ville. Tout avait été préparé, Carrière l'attendait. Mais la traversée ne s'accomplit point sans peine, malgré plusieurs voitures et à cause de l'exaltation du congé d'un jour. — Pas un instant Verlaine ne posa. Durant toute cette unique séance de quelques heures il ne cessa d'arpenter l'atelier, en parlant haut, avec cette effervescente verve, la sienne, folle et belle, qui roulait les pensées, les anecdotes, les images, les poèmes, se reposait en riant et rebondissait dans un sanglot ; le capricieux monologue, insoucieux des écoutants, les supposait informés du thème — la vie du poète — et tout au plus les initiait, par des suggestions rapides, aux points essentiels, pour aussitôt s'échapper en divagations d'ironie douloureuse. Je lui donnais parfois la réplique afin de l'arrêter dans un geste en lumière où d'attirer son regard et son visage vers le chevalet. — Pas un instant Carrière ne cessa de travailler. Verlaine partit, je crois bien, sans l'avoir aperçu. On ne voyait guère de possible communication entre ces deux esprits; Verlaine s'intéressait peu aux arts plastiques, et du reste il avait, dès cet instant de sa destinée, fermé les yeux en dedans; sa vie était dans ses souvenirs anciens et dans ses relations immédiates avec les hommes et les choses. Mais Carrière le connaissait profondément; il l'avait lu, médité, deviné; il savait quels dons avait reçus le divin poète, quelle immense intelligence et quelle infinie sensibilité se dérobaient sous son rire enfantin, quel personnage aussi était le sien dans une société qui croit pouvoir se passer de la beauté. Carrière ne lui reprochait pas de parfois faiblir sous le poids des chagrins et de ce rôle écrasant. Le peintre vit la vérité du poète et sut la dire. C'est la revanche de notre Verlaine, c'est sa réponse aux calomnies brutales et banales, c'est son apothéose et notre consolation, cette grande tête christique (1), si doucement farouche, émergeant de

(1) Une médiocre reproduction en a été faite pour le *Choix de*

l'ombre d'un invisible et réel Calvaire et qui semble nous dire, avec la voix de Mallarmé : « Voyez mieux comme j'étais (1). » J'écarte, avec ennui, tels scientifiques commentaires qui prétendent nous faire reconnaître dans cette image, dans « son manque d'ordre, de symétrie », je ne sais quelles infirmités morales du poète. On est las de ces tentatives d'effractions d'âmes que les écrivains universitaires se permettent à titre d'analyse. Leurs études les préparent mal à résoudre le problème d'une personnalité aussi typique et partant aussi rare que celle de Verlaine. Ils veulent voir en lui un cas anormal (2), et justement il est l'une des plus naturelles encore que des plus tragiques représentations de l'homme moderne, crucifié entre le passé, qu'il regrette, et l'avenir, inconnu : entre, aussi, le sentiment sincère de sa faiblesse qui lui conseille de chercher hors du monde un appui surhumain,

---

Poésies. Il faut voir les lithographies tirées sous les yeux de Carrière. Il faut voir surtout le tableau, qui est chez Dolent.

(1) Discours de Mallarmé sur la tombe de Verlaine.

(2) Je trouve chez l'un d'eux cette hypothèse hardie et burlesque : « Le crâne (de Verlaine) *comme soudé trop vite...* » On croirait lire du Nordau. Ce n'est pas du Nordau.

et les appétits légitimes, les invincibles désirs de joie qui le poussent à cueillir l'heure. Une telle âme « troublée, multiple » n'est point un déchet d'humanité quand le génie l'habite. Elle a sa place, sa haute valeur, sa supérieure utilité dans l'évolution de l'espèce. Des hommes de jadis, confiants aux certitudes évangéliques, à ceux qui, se reprenant au principe même de l'humanité pour y retrouver les éléments d'une nouvelle pensée collective, limitent, en attendant, leur espérance à la survivance de l'effort, elle fait la transition nécessaire. Verlaine, pour mieux tenir ce poste, assuma l'honneur et l'horreur d'être le poète de générations sacrifiées par l'inquiétude à la recherche. Et il fut, par excellence, lui-même, le sacrifié. Carrière n'a pas mesuré à l'équerre et au compas la tête du poète; dans sa « multiple » construction il n'a point découvert de monstruosité; il a vu et il a fixé pour toujours la douleur de ce grand sacrifié, de ce crucifié.

§

Mais son sacrifice n'est pas volontaire.

Cette sereine ivresse du sacrifice volontaire, que déjà nous avons pressentie comme au futur et en possibilité dans les Maternités, Carrière a voulu la célébrer expressément par une œuvre, l'une de ses plus mystérieusement belles, son *Christ*. Le Christ humain plus grand qu'un Dieu! Car le Dieu saurait qu'en mourant il sauve le monde, et l'homme n'a pas de certitude. Sa dernière pensée, son affreuse dernière pensée a été, peut-être, une conviction désespérée de l'inutilité de son holocauste. Sa mère, du moins — la Mère? ou l'Amante? qui sait? Madeleine n'est pas là pour certifier que celle-ci est Marie: mais, amante ou mère, la Femme — est debout contre la croix; elle pleure, et personne n'a plus âprement dit la douleur que ce peintre, avec ces deux mains féminines tordues sur une bouche sanglotante. Au delà, c'est la solitude terrible de l'indifférence et du silence, la nuit de vagues constructions lointaines où l'on devine que la vie continue, dans l'oubli de celui qui meurt, forme vêtue de blême clarté, avec le rayon blanc, au front, de la foi expirante. Carrière n'a pas compliqué sa composition d'anecdotes accessoires qui l'auraient amoindrie. Le plus grand qui se puisse concevoir de tous les gestes humains lui a paru suffisant à la remplir. Et ce geste, n'est-ce pas celui de toute destinée supérieure ? N'est-ce pas toujours pour souffrir plus qu'eux qu'un homme s'élève au-dessus des autres hommes ? N'est-ce pas toujours pour laisser, quand il mourra, de plus coupables ingratitudes et des larmes plus amères ? Et toute légitime couronne n'est-elle pas faite d'épines ?

Ç'a été une surprise de voir Carrière aborder la légende du Golgotha. La figure adorable de « Celui qui aima les hommes jusqu'à mourir pour eux » était logiquement appelée, pourtant, au sommet de cette œuvre d'amour. Il n'y a pas à rechercher si l'artiste croit ou non en la divinité de ce Christ. C'est nous qui tout à l'heure ne voulions voir en lui qu'une figure humaine. Pour Carrière la question ne se pose pas ; elle se résoudrait, vraiment, par une pleine et éclatante affirmation de la *divinité* de Jésus. Mais je ne sais si ce mot, dans la pensée de Carrière, aurait exactement la signification qu'il a dans la langue chrétienne. Ce qui, comme à lui, nous apparaît divin dans la vie et dans la mort de Jésus, c'est qu'elles sont parfaitement, supérieurement, héroïquement humaines. Comme le vieux Swedenborg disant : « Il n'y a que Dieu qui soit vraiment homme », nous affirmerions volontiers, pour notre compte et selon une sorte d'anthropomorphisme idéaliste : nous voyons briller l'idée divine dans l'accomplissement total, absolu, de toutes les possibilités de l'homme, hiérarchiquement distribuées autour de l'Amour et rayonnant de lui. Quoi qu'il en soit, importe-il donc tant de savoir comment et au nom de quels principes nous vénérons le geste de ralliement que fait la Croix entre les mondes, et ne suffit-il pas que, comprenant selon notre cœur et notre intelligence, ce signe d'amour, nous le répétions, nous le propagions de toutes nos forces? L'humanité ne s'est jamais trompée, sauf aux jours où elle a aliéné l'indépendance de son esprit entre les mains d'un maître, messie ou tyran. Elle va d'elle-même à la vérité par les chemins de la liberté, et par conséquent cette vérité, pour immuable qu'elle soit au fond, garde une souplesse historique et, par des rayons complémentaires, se colore de nuances qui varient avec les temps. C'est ainsi que Carrière peut, sans démentir sa vie, toute de pensée libre, ni sa mort, qui ne devait se réclamer d'aucune consolation précisément religieuse, rendre un sincère et glorieux hommage, homme et artiste, à la Croix du Jésus de l'Evangile. Cette œuvre « de foi et d'admiration » proclame, adhésion à la doctrine, à l'exemple du sacrifice, le sentiment qui inspire toutes les œuvres de Carrière, son pieux amour de la conscience humaine.

L'acception psychologique de ses compositions

est si importante qu'on est excusable de s'y arrêter d'abord et principalement. Ce n'est pas que leur beauté plastique et, ici, leur valeur décorative puissent nous échapper. Ce *Christ* a toutes les qualités d'un tableau d'église, le tableau votif de l'église future où les hommes célébreront les rites du culte de l'idéal, ce fond immuable de toutes les changeantes religions. Il remplit de sa grandeur la baie ouverte dans nos esprits sur l'infini; il serait l'âme d'un spacieux édifice, la scène d'un théâtre profond. Et je ne puis m'empêcher de penser à ce *Théâtre populaire*, le plus vaste tableau, si je ne me trompe, que l'artiste ait peint, et d'en associer le souvenir avec celui du *Christ*.

Carrière, dans son *Théâtre*, nous cache la scène, ne nous montre que la foule. Quelle foule! La cliente de Shakespeare et d'Eschyle! Le théâtre, dans les faubourgs, est un des lieux du monde où l'on puisse le mieux étudier sur les visages l'expression des émotions. On ricane souvent dans les théâtres mondains et quelquefois on pleurniche; comédie moins

sincère que celle des professionnels comédiens.
Dans le faubourg ouvrier on rit et on pleure,
franchement. Avec le rideau qui se lève, le
visage du spectateur naïf se dépouille des gri-
maces empruntées ou subies. Tout à l'heure,
c'était un employé, un commis, et vous recon-
naissiez dans sa physionomie le pli anonyme de
sa factice destinée. Mais le drame commence,
et devant ce débat d'amour et de haine le commis et l'employé sont devenus des hommes. Peu
importe la valeur littéraire de la pièce ; les gens
qui sont là n'y entendent point malice, et c'est
de la vie qu'il s'agit pour eux et de la mort. C'est
dans sa propre âme, exaltée au spectacle de la
douleur ou de l'héroïsme, que chacun regarde.
Quand le rideau sera retombé sur la scène, tri-
vialités et conventions retomberont aussi sur les
âmes. Mais maintenant les attitudes ont une
singulière noblesse. Il y a de ces corps, demi-
penchés sur le gouffre invisible, qui semblent
des cariatides antiques supportant un poids
sacré avec leurs mains crispées aux balustres.
Et que voit-elle donc, cette foule, sur cette

scène, ou dans son âme ? Et que parlais-je de la valeur littéraire de la pièce ? Il est vrai, jusqu'ici le peintre nous avait caché le drame. Mais enfin le voici ; du moins, je veux le croire, car quel plus beau spectacle ? C'est ce sublime exemple de l'héroïsme qui n'a reculé devant rien, pas même devant le désespoir qu'il cause ; c'est ce Juste qui a préféré la vertu à la vie et que la mort va reposer ; c'est cette mère, qui adore son fils, qui l'accompagne dans l'agonie, qui accepte la nécessité terrible, et qui pleure. Voilà la tragédie à laquelle je rêve que cette foule assiste ; voilà pourquoi cette foule est si grande. Elle participe de l'effusion de ses larmes à la sanglante effusion d'un holocauste où elle s'admire elle-même, car c'est la majesté idéale de l'homme qui est ici célébrée. Cette foule a renoncé pour un instant sa petitesse et son égoïsme quotidiens, elle se substitue avec amour à celui qui meurt pour tous — et suis-je si sûr qu'elle retrouvera dans la rue la banalité qu'elle en apporta, que l'exemple et l'enseignement soient vains et qu'après avoir goûté la joie sans pareille de *se dépasser*, de sortir de soi pour vivre d'une vie supérieure, l'homme n'emporte et ne garde pas, dans la vie ordinaire, des pensées supérieures aussi, quelque noble velléité de vivre pour les autres, comme l'Autre mourut ?

Ce conseil de haute morale, celui que donne toujours le grand art et qui fait de lui le principe essentiel de la vie des hommes en société, s'est déjà dégagé pour nous des Maternités ; nous le recevons des compositions décoratives de Carrière sous une forme nouvelle et j'y devais insister à propos de celles-ci, afin de préciser le point de vue d'où il intervient dans ce domaine de l'art pour y marquer sa place. Ces compositions n'ont rien d'abstrait, elles sont plastiques, mais de cette plasticité particulière qui confond subtilement la sensation et la pensée, de cette plasticité spirituelle et sentimentale qui est celle de Carrière ; car nous le retrouvons fidèle à sa conception personnelle de l'art et de la nature dans ces œuvres destinées, en principe et d'une manière générale, à solenniser des instants de vie publique.

Or, cet art qui exige, pour être bien entendu, tout l'effort de notre intelligence et une gravité du cœur dont les êtres jeunes sont rarement capables, Carrière le dédie à l'Enfant par excellence, au Peuple, en réclamant de lui, avec une confiance qui suppose tant d'estime, tout son effort; et le désir de l'artiste outrepasse les conditions et le programme d'une décoration commandée par l'état ou la ville pour une Sorbonne ou une mairie en vue d'honorer des réunions officielles ordonnées selon telle étiquette: ce sont des lieux vraiment populaires qu'il voudrait illustrer, et n'a-t-il pas fait avec enthousiasme cette splendide affiche de *l'Aurore*, qui décorait les rues ? Dans le même esprit, avec la même ardeur, il a peint ce *Théâtre populaire* et la *Vue de Paris*.

Il possède toutes les qualités requises par la grande décoration. Sa méthode même de composition l'y prédestinait : ces grandes lignes harmoniques, ces grandes ondes magnétiques, — nœuds de vibration visible qu'on sent maintenus en équilibre et à leur place par de secrètes correspondances avec tous les autres foyers de lumière et de vie, — sont arbitrairement interrompues par la brutale présence du cadre et trouveraient au contraire leur suite mélodique, leurs passages naturels dans les directions architecturales du monument comme dans l'agitation logique de la foule et du plein air.

Il faut déplorer qu'on ne lui ait pas plus souvent donné l'occasion d'employer ses dons en ce sens. On peut voir à l'Hôtel-de-Ville de Paris, dans les figures nues par lesquelles il symbolisa les Sciences, comme il savait trouver l'accord entre le caractère du monument, la nature de la muraille, sa couleur et les tonalités de la peinture. On ne retrouve que chez le grand Puvis de Chavannes — entre les contemporains auxquels la décoration vaste fut permise — la même puissance d'appropriation, la même sensible intelligence. Mais (sans que cette observation suppose, certes, la moindre dépréciation de l'œuvre admirable de Puvis) Carrière se fût toujours distingué de lui par le choix des motifs ; à l'histoire et à la légende il n'eût jamais demandé d'inspirations. Et je sais bien que les sujets légendaires ou historiques de Puvis sont de purs prétextes au triomphe de l'humanité associée à la nature, et je sais aussi la magnificence des œuvres sur ces thèmes accomplies. Je note seulement, entre deux grands artistes, une différence foncière, et que Carrière préférait se prendre directement à la réalité, aux éléments, aux forces initiales. Comme si volontiers à l'Enfance dans sa peinture de chevalet, il eût demandé son thème au Peuple (1) dans sa peinture murale. Ce retour aux éléments dans le motif de l'œuvre, si rationnellement sanctionné par le retour aux principes dans la conception de l'art, est un des principes de l'originalité de Carrière et de sa force. Il y trouvait un renouvellement de la décoration, affrontant au fracas du plein air le style grave de ses lyriques Intimités.

La *Vue de Paris*, mieux vaut dire *la Vision*, nous donne à admirer cette découverte.

(1) Hugo disait : « Le nord et le peuple sont les réservoirs de l'humanité. » Il semble bien que le nord ne dispose plus guère de forces vierges, et je crois que Carrière eût dit : « Le peuple et l'enfance. »

La ville s'étend immense et tumultueuse comme la mer, la ville formidable, embrumée des fumées de sa vie et de son labeur; les formes se suivent sans se préciser, bloquent leurs masses, fantômes de monuments apparus vagues dans la blême clarté crépusculaire; et ce spectacle, qui prend le regard et terrifie la pensée, a deux témoins: deux femmes, sur la hauteur. L'une, déjà marquée par les années, se détourne à demi; elle connaît la Ville, elle compte dans sa mémoire toutes les blessures que le monstre lui a faites, mais à sa jeune compagne elle n'en dit rien, sachant que la personnelle expérience de vivre ne se peut suppléer. Et elle, l'autre, la jeune fille, le visage franchement offert à tout ce passé qui, pour elle, est l'avenir, les mains levées à la tête dans un mouvement charmant d'appel et d'espoir, elle affirme de tout son être impatient qu'en dépit des douleurs la vie ne s'interrompra point, que le monstre fascinant ne manquera jamais de victimes, que la joie de vivre est au prix de ces illusions déchirées, mais aussi que l'œuvre collective des hommes, symbolisée par la ville monstrueuse, croît de leurs douleurs, se fortifie de leurs faiblesses et demeure, trace de leurs efforts, témoignage de leur grandeur.

§

Chaque œuvre de Carrière ainsi nous élève à une conception primitive des formes comme au sentiment religieux de la vie dans tous ses épisodes. C'est toujours au plus profond qu'il regarde. Ce que nous avons dit à propos de ses Maternités, de ses Portraits, de ses Décorations, on pourrait le répéter à propos de ses Nus et de ses Paysages.

Il a traité la Femme et la Terre dans la même pensée de conquête et de vénération.

Si le modèle professionnel a désappris le sens de son âme il n'en est pas moins agité par la vie universelle, et c'est elle que l'artiste recherche. Devant toute femme qui se dévoile il a l'émotion de la vérité qui se révèle. Pour l'exprimer dans la personnalité de sa beauté c'est à la nature entière, à ses lois, à son but certain qu'il pense ; il marque les rapports de l'unité individuelle avec l'unité générale, procède par grandes lignes enveloppantes, souples et fermes comme de belles strophes et, là où la vie intérieure se cache hermétiquement, peut-être est absente, il retrouve la vie élémentaire en l'un de ses plus sensibles frissons. Le nu de la plupart des peintres comtemporains, c'est le nu d'impure sensualité, le nu excitant, le « nu d'amusement ». Le nu de Carrière, c'est celui des Grecs primitifs et des Egyptiens, le nu de la vie essentielle, amoureuse gravement, le nu sacré.

De même dans ses paysages — de la Bretagne et surtout des Pyrénées — avec une audace que personne avant lui n'avait risquée, il a synthétisé la nature en suites de lignes et d'harmonies expressives qui traduisent « l'humanité de la terre (1) » et son éternité. Il la dépouille des ornements qui la fardent; il veut discerner, par

---

(1) Eugène Carrière : « Ayant prêté notre esprit aux choses, leur prêter notre propre image est une suite logique au désir de nous retrouver dans les formes extérieures. »

une simplification hardie, « les volumes significatifs » des terrains, exprimés dans le langage seulement des valeurs, dans les transitions lentes de la lumière et de l'ombre. Cela est vraiment hors de l'espace et du temps. De cette étude ressort, pour l'œil accoutumé à ce système d'interprétation, une beauté neuve, singulièrement étrangère à celle que l'impressionnisme cherche dans l'expression de la seconde lumineuse, des aspects fugitifs. Et ce sont peut-être ces paysages, la part la plus contestée et aussi la plus tardive de son œuvre, qui nous livrent l'indication la plus aiguë de la conception personnelle et dominante de Carrière. On y voit l'artiste le plus pieusement fidèle à la réalité la dépasser, précisément pour l'exprimer dans sa vérité permanente avec une fidélité totale. Ce qui est déjà si sensible dans ses études de l'humanité s'atteste avec une pleine évidence dans ses études de la terre : les apparences des formes sont des signes dont le sens est au-delà ; la découverte de ce sens caché est le triomphe de l'artiste.

CONCLUSIONS

I

Les conclusions de cette étude, pour l'achever dignement, s'inspireront de la plus chère pensée de Carrière : ce n'est pas celle de sa propre gloire.

Au bord de la tombe, au jour des adieux, nous avons entendu Auguste Rodin dire ces mots : « Quel honneur que ce grand artiste ait été pauvre ! Il nous a révélé la richesse de l'amour, la richesse vraie qui n'est pas matérielle, et son génie n'était fait que de forces naturelles. Ainsi a-t-il pu entraîner un cortège d'intelligences secrètement fascinées. On s'est approché de lui petit à petit (personne ensuite ne lui a fait défection) et, tandis que devenait innombrable la foule de ses admirateurs, lui s'élevait toujours. Son auréole ne tient pas dans nos mains et nous ne pouvons la mesurer aujourd'hui : ce sera le monde. Ceux qui le comprendront, ceux qui viennent, travailleront mieux encore que ses contemporains à sa gloire. Abondante source de sagesse, son œuvre parle directement d'espérance, nous montre les joies qui sont tout près de nous, là où d'habitude on négligeait de chercher ; Carrière, bienfaiteur, esprit renseigné des seules réalités, nous apprend que l'intimité de notre être est pleine de trésors, il nous entr'ouvre ce pays charmant qui est nous-mêmes. Il nous a en outre rajeuni le sentiment de l'admiration. Grand intercesseur, grand familier du beau, il nous a fait comprendre les belles époques, l'antique, par exemple. Il a rouvert des sources. Il est, homme de bonne volonté, ayant trouvé le vrai chemin, l'exemple des artistes nouveaux ; son œuvre continue à les conseiller. Elle les conduira par la sagesse à la gloire. »

Il serait injurieux d'admirer qu'Auguste Rodin ait, en si peu de mots, si complètement caractérisé l'œuvre et le génie de son seul émule dans le siècle. Mais je suis heureux de pouvoir invoquer cette autorité sans seconde et de me faire son écho : Carrière a rouvert des sources.

Ainsi répondrai-je à la question qu'au sujet de cet artiste comme de tout autre le lecteur est en droit de poser : Quelle est sa place dans l'histoire de l'art ? Et je préciserai, par quelques retouches à des points essentiels, et par quelques développements réservés.

Carrière est de la lignée des très grands, de ceux qui, par leur personnel apport et parce qu'ils somment l'intelligence vivante de se rassembler et de s'élever pour les comprendre, laissent un siècle grandi, fût-ce en dépit de lui-même. Car sa gloire, presque inexplicable, conquise en dépit du siècle et en contradiction de presque toutes les autres gloires auprès de la sienne par le siècle consenties, est l'affront des académies qui la tolérèrent sans, du reste, l'appeler et sans cesser de la nier par leurs officielles pratiques ; elle est l'honneur de ce petit nombre d'esprits vraiment indépendants et subtils, écoutés de l'avenir et en marge du présent, qui spontanément allèrent à la clarté. Comme il l'a dit lui-même à propos d'un de ses pairs (1), « on ne sut pas profiter de son génie » — pleinement du moins et selon la riche multiplicité de ses ressources. Lui qui commandait le rassemblement à toutes les âmes entre elles comme à chaque âme en elle, il fit dans une société divisée, dans une période de désordre — ou de reconstitution — un geste mal compris ; on ne suivit guère l'exemple que si nettement il donnait ; il subit jusqu'au dernier jour, jusqu'au lendemain du dernier jour, les plus iniques méconnaissances, et nous devons admirer avec un amer enthousiasme, dans l'énergie qu'il eut de ne pas désespérer, l'extraordinaire vertu d'un moderne héros. Et comment ne pas déplorer que cet éducateur d'art, si compréhensif, si obligeant, ait rencontré tant de plagiaires et si peu d'élèves ! Au lieu d'écouter le conseil précieux, on s'est efforcé de surprendre le procédé, qui n'est rien hors de la pensée d'où il émane. Forme naïve et désolante de l'ingratitude. Carrière en souffrait, plus humilié

(1) Paul Gauguin.

encore dans le grand sentiment qu'il avait de la dignité humaine que blessé par l'injure personnelle.

Indirectement et clairement, selon sa manière qui ramenait toujours le particulier au général, il me disait, à ce sujet, cette fable :

« Un homme, dans le désert, a trouvé une source : il s'est désaltéré, puis, ayant rempli sa gourde, il poursuivait son pèlerinage, quand il rencontre une troupe d'inconnus. Ils sont en route depuis longtemps, ils ont épuisé leurs provisions, ils meurent de soif. « Je connais une source, leur dit l'Homme, voulez-vous que je vous y conduise? — Ce n'est pas vrai! lui répondent-ils, nous avons partout cherché, partout nous n'avons vu que le sable aride, et si parfois nous pensions découvrir une oasis, c'était un mirage de nos cerveaux malades. — Je ne mens pas pas! proteste l'Homme, et voici la preuve de ma véracité : voyez ma gourde pleine! Suivez-moi donc et vous serez sauvés ! » Alors les misérables, *au lieu d'écouter le conseil précieux*, se jettent sur leur bienfaiteur et l'égorgent pour lui voler sa gourde. Mais ils se la disputent entre eux, elle tombe, l'eau se répand, s'évapore aux feux du soleil : personne ne boira ; à quelques pas de la source qu'aucun des meurtriers ne saurait trouver lui-même, désespérés d'avoir à jamais fermé cette bouche qui ne mentait pas, tous mourront. »

— Il a rouvert des sources...

Carrière avait-il prévu, Rodin, la forme admirable que vous donneriez à votre louange? A l'avance cette fable héroïque la commentait.

Mais la malveillance pouvait l'attrister, l'indigner ; elle ne l'étonnait pas. Il trouvait « en lui-même son approbation et sa joie ». Il savait que nombre d'artistes, pour avoir rappelé aux principes l'art dans son expression technique seulement, avaient été bafoués avant lui. Comment ne se fût-il pas expliqué, révélateur de vérités générales, qu'on lui résistât? Ses bienfaits devaient indisposer même des esprits constitués, même de beaux artistes ; plusieurs d'entre eux croient, hélas ! que la peinture consiste uniquement à faire des tableaux.

Ce génie fait des forces naturelles, ce peintre des réalités secondes, de l'Intimité magnifiée jusqu'au style, est un solitaire, à sa date, parce que la plupart des artistes contemporains se sont strictement enfermés dans les frontières de leur art spécial et, virtuoses ou amoureux, restent comme étrangers à la vie. Carrière, seul, est un initiateur général, parce qu'il procède d'une pensée assez forte pour rénover et revivifier avec tous les arts toute la vie. Cette pensée et ses développements logiques lui ont permis de tout comprendre et de rejoindre, au moyen de transpositions analogiques, les poètes et les philosophes aussi bien que les artistes de tous les autres arts. Ceux qui l'ont vu *écouter* au concert, les yeux fermés, cachés, toutes les énergies de son être concentrées dans l'effort d'entendre, et qui ensuite ont pu recueillir ses impressions, si incisivement justes — où avait-il appris la musique? — se sont rendu compte qu'en effet, comme il le disait lui-même, le témoin de la vérité sur un point est le témoin de la vérité totale. Il exprimait son sentiment sur les autres arts par leurs rapports avec le sien, et tout aussi bien en littérature qu'en musique : « Daudet, la vignette... Balzac, la fresque ; » ou : « Beethoven, la symphonie des couleurs héroïques. »

L'instinct rénovateur, par lequel il recréa le portrait, la décoration, fondé sur le sens de l'universalité des rapports, lui ouvrait des voies neuves dans tous les domaines de l'art. — Le premier, quand miss Isadora Duncan vint à Paris, il reconnut en elle l'interprète de la vraie Danse — cet art qu'il aimait tant, cet art des passages nécessairement suivis, du chiffre réuni d'une figure vivante en un geste central dont tous les autres ne sont que les compléments. — Malgré son admiration passionnée pour Rodin, il disait aux sculpteurs : « Travaillez près de Bartholomé, » sentant qu'ils devaient rencontrer dans la pensée de la mort le motif, central aussi, sans quoi leurs efforts risquent de rester dispersés.

Quant à lui, c'est par l'amour de la vie qu'il a obtenu l'unité de son œuvre. Unité exemplaire, qui apostrophe l'avenir et le conjure de tout sacrifier à cette condition initiale et suprême du bonheur et de la grandeur des hommes : Carrière est le maître de l'avenir.

II

Cela dépasse la peinture, ai-je osé dire. Où *cela* va-t-il donc? Par une sorte de périlleuse gageure, où heureusement il triomphe, Carrière veut tout dire, plastiquement, en dépouillant presque la nature de ses apparences! Que cherche-t-il donc? Nous le savons, et ce n'est pas l'attrait du mystère qui le possède. Que serait le mystère, en soi, comme objet de recherche? et peut-il y avoir tant de mystères pour un esprit qui possède tant de certitudes? C'est l'ivresse de la vérité qui l'enchante; mais il n'entend pas garder pour lui la vérité qu'il a découverte. Il veut qu'elle rayonne. Il est, et il le sait, de ceux auxquels fut commise la mission de l'exprimer isolément — « jusqu'à l'instant où la communion des hommes exigera l'unité des efforts dans une forme totale qui les représentera tous : c'est ainsi que se sont préparées toutes les grandes époques ». Cette préparation consiste dans l'étude directe et dévote de la nature. Le peintre accomplit hautement, dans ce sens, sa part du devoir commun. Mais la forme qu'il donne à l'accomplissement de son devoir, les espèces sous lesquelles il communique la vérité sont si pénétrées de la nécessité d'une nouvelle forme de pensée collective qu'il dépasse exemplairement les bornes de son art vers la Poésie, parce que c'est à elle de faire le signe du renouveau, parce qu'au début doit être le verbe.

Dira-t-on qu'un peintre a pris la parole, dans le silence des poètes, pour les rappeler à leur fonction ? Les poètes ne se taisent pas. Mais, sauf telles exceptions, ils se sont enfermés, eux aussi, dans le cercle professionnel. Ils assistent au drame du monde plutôt qu'ils n'y jouent leur rôle, regardant passer, dit quelqu'un qui les en loue, « les images de la vie comme celles d'un rêve ». Cette définition, si elle convient aux poètes qu'elle prétend désigner, les condamne.

Fallait-il l'aggraver en ajoutant que « la poésie symboliste garde le sentiment mystique de l'identité profonde du rêve et du rêveur ? » Rien là, remarquez-le bien, qui donne un écho à la mélancolique observation de Shakspeare (« Nous sommes faits de la même étoffe que nos rêves »), et ce n'est pas non plus le développement de la belle et forte pensée de Banville (« C'est la vie qui est le rêve ») assurant à l'artiste que, dans la vie ordinaire, il trouvera, s'il sait voir et comprendre, des trésors fabuleux, des merveilles et des miracles constants, que la matière même de la vie, son essence et ses lois sont les seuls prodiges dont l'imagination humaine puisse être curieuse, les seuls éléments du Rêve — ce mot étant pris dans son acception mystérieuse et poétique : la doctrine même de Carrière. Non ; la critique nouvelle, qui se recommande d'une philosophie soi-disant nouvelle aussi, se contente d'enregistrer une observation purement objective et froidement désintéressée. Bien loin d'excuser les poètes — par les mille circonstances, de la psychologie générale et de l'histoire, qui expliqueraient leur erreur — si en effet ils ont pris le parti de regarder passer la vie sans songer à intervenir pour lui donner une impulsion, une direction heureuse, — eux qui « ont le sens du vrai chemin », eux qui « savent les réalités invisibles », — si pour toute contribution à la tâche commune ils apportent l'activité neutre d'intelligences et de sensibilités dénuées d'idéal, la critique que je vise admire qu'ils se soient modestement réduits au rôle de spectateurs. Elle oppose sur ce point aux classiques et aux romantiques, qui croyaient avoir charge d'âmes, et elle leur préfère les symbolistes, qui se borneraient à noter les fantasmagories d'un rêve. (— Il est à peine besoin de dire que ces distinctions rapides et globales entre classiques, romantiques et symbolistes, tout au plus bonnes pour des manuels, n'ont sous cette forme aucune valeur, aucune signification précise. Il faut rejeter ou rafraîchir ces étiquettes pour parler utilement. — Mais le point de vue littéraire n'est pas, ici, le mien.) Si l'on ne nous trompe pas sur la vision des poètes dits symbolistes et sur leur intention, s'ils ont bien réellement opté pour cette négative indifférence, il convient de remarquer qu'ils abdiquent l'action sur le monde au moment où les savants, par des voix notoires et bruyantes, prétendent au gouvernement effectif du monde; substitution d'autorités universellement dommageable. Je demande en outre ce qu'il peut persister de *symbolique* dans l'œuvre des *symbolistes* ainsi comprise: ce que peut être *un symbolisme non idéaliste*. — Et alors, soit : un peintre a vaillamment usurpé la parole pour rappeler les poètes à la vérité, pour les sommer de prendre garde au préjudice très grave que leur cause, comme à toute l'humanité, l'affaiblissement de la doctrine idéaliste.

Mais il n'a pris la parole que pour la leur rendre, avec de nouveaux motifs de confiance et d'espérance, leur ayant rouvert les sources de la Nature et de la Tradition. C'est le sens de l'insistant rappel de sa peinture et de ses écrits à la continuité de l'espèce, à l'unité de la pensée, à la nécessité pour les hommes d'être tous et constamment en éveil afin de « déjouer la ruse de la bête barbare et paresseuse qui nous guette en nous et hors de nous, » au devoir catégoriquement imposé à quiconque croit posséder la vérité de solliciter le concours de ses semblables pour l'accomplissement d'un grand dessein, et de leur tendre les bras en cherchant son bonheur dans le bonheur de tous.

C'est surtout à l'étude de la Nature qu'il nous invite, à la joie de faire en elle notre propre découverte et de trouver une direction assurée dans l'évidence lumineuse de l'identité de ses lois et des lois de notre vie.

Ainsi se corroborent de solides et rationnels arguments les gestes instinctifs et immémoriaux des races. Les prêtres polythéistes qui, dans les phénomènes naturels, croyaient lire les signes avant-courriers des événements futurs, les indications du bonheur ou du malheur imminents, se trompaient sans doute quant à l'acception fatale qu'ils attribuaient à ces phénomènes, et le lien était factice qu'ils supposaient entre les gestes de la Nature et ceux des hommes. Mais comment contester la clairvoyance intuitive qui les a conduits à ce principe du recours à la Nature ? Si l'homme parvient à *comprendre les choses* il se comprendra lui-même et connaîtra son destin. La vérité des présages et des auspices est dans les analogies et les correspondances, comme la vérité de l'astrologie et de l'alchimie est dans dans l'astronomie et la chimie. L'interprétation humaine de la Nature, l'adaptation harmonique de ses forces et de ses nécessités au développement de notre vie intérieure, — avec le respect de la hiérarchie essentielle des facultés sentimentales et intellectuelles qui font de l'homme le sommet de la Nature, — la transposition, en d'autres termes, des choses du monde physique aux choses du monde spirituel : voilà l'éternelle et la vraie source du symbolisme poétique (1). En la dispensant au monde, sans descendre aux déductions pratiques qui sont les conséquences, personnelles à chacun, de leur

(1) « Le monde est ma représentation » : l'art de Carrière est une réplique superbe à cette éblouissante apostrophe de Schopenhauer, qui convie les poètes symbolistes aussi, les poètes symbolistes particulièrement, à lui répondre. Les romantiques n'ont pas entendu le philosophe qui les dépassait et qui nous devançait, — ne pouvaient pas l'entendre.

découverte, sans concourir avec les moralistes, innombrablement inutiles, en nous imposant par le geste du génie l'admiration, ce sentiment le plus fécond de tous, en nous forçant à sortir de nous-mêmes et à nous dépasser pour nous élever à la splendeur attendrie de leur vision, les poètes seront bienfaisants, à la condition qu'ils nous aiment. Ils ne sauraient nous aimer s'ils ne voient en nous et dans les péripéties de notre destinée que les fantasmagories d'un rêve. Et ils ne nous tromperont pas ! Nous connaîtrons infailliblement, à leur accent, s'ils procèdent de l'amour, ou de l'indifférence, ou du mépris. Ne savons-nous pas trop qu'à cette heure nombre de jeunes gens, attardés à la pose « satanique », dont il n'y a plus qu'à tristement sourire, croient s'inventer une élégance, frelatée et perverse, dans le dédain des grandeurs et des douleurs humaines ? A leurs yeux, nos préoccupations « humanitaires » sont ridicules, et c'est sans doute parce qu'ils pensent être autant de « Surhommes » qu'ils acclament l'autorité, sinon la discipline, scientifique, cette négation admirable de la personnalité humaine. — (Cependant, le savant, dont la gloire est de s'oublier devant la Nature, qu'il analyse, condamne par sa méthode celle de l'artiste, qui, tout au contraire d'une anonyme collaboration à l'étude d'éternels problèmes, apporte le témoignage d'un homme, à telle date, en tel lieu, devant la Nature, qu'il synthétise.) — Nous plaignons ces jeunes gens, nous déplorons leur négatif état d'âme et le tort (passager) qu'ils font à la poésie. Ils contribuent, pour leur propre malheur, à la division néfaste contre laquelle Carrière nous adjure de réagir. Et leur douloureuse erreur atteste l'opportunité de son conseil. Puissent-ils l'entendre et, revenus au vrai, travailler avec nous à la grande réconciliation des forces!

La joie infinie de Carrière, s'il lui avait été donné de vivre à une époque d'épanouissement collectif d'humanité ! Peut-être a-t-il plus de grandeur dans son isolement. Mais que cette grandeur est chèrement payée! La crispation douloureuse que je vous montrais sur son front de jeune homme n'est-elle pas le stigmate d'une indicible souffrance ? Elle est si lourdement injuste, cette nécessité *ajoutée* de multiplier le labeur, de ce fait qu'on est seul et que cette inhumaine solitude multiplie, aussi, les obstacles ! Rappelons-nous, toutefois, que le dernier portrait, celui de la veille des derniers jours, respire plus de sérénité : le front est devenu calme. L'artiste, désintéressé de son sort, désormais, et passionnément occupé toujours du sort des générations, emportait-il l'espérance du prochain avènement d'un grand siècle de forces concurrentes dans l'équilibre et l'unité ? Du moins il emportait, de sa traversée d'une heure crépusculaire, la certitude d'avoir de toutes ses forces appelé, ardente phosphorescence d'une divine sève, conscience rayonnante, lumière de l'avant-l'aube, — préparé l'épanouissement du plein jour.

Cela dépasse la peinture ; *cela* appelle la poésie. Est-ce à dire que Carrière confonde et trouble les empires des deux arts ? Il me disait : « Pour l'artiste, les formes évoquent des idées, des sensations et des sentiments ; pour le poète, les sensations, les idées, les sentiments évoquent des formes. » Voyez qu'il ne s'y trompait pas.

Mais il pensait que des points de départ et d'arrivée différents n'interdisent point à l'artiste et au poète une collaboration large. Il pensait que la déchéance de la doctrine idéaliste atteint également le poète et l'artiste, que tous deux doivent procéder par d'harmoniques transpositions du physique au moral, et, je le répète, le sens des proportions se confondait chez lui avec le sens des analogies et des correspondances. Les deux plans de la nature, matériel et spirituel, n'en font qu'un à ses yeux. Il faut que l'homme se comprenne et comprenne les choses : il les retrouvera en lui, il se retrouvera en elles. Tout ce qui passe n'est que symbole, écrit Gœthe. Tout ce qui se voit n'est que signe. Comme les traits de l'homme sont les signes de son être caché, de son caractère, ainsi l'homme lui-même, et même l'homme caché, n'est que le signe d'une réalité plus profonde où tous les éléments se rencontrent et ne font qu'un. La recherche de cette unité justifie seule notre présence et nos travaux ; la découverte de cette unité fait la gloire d'un homme, d'un temps.

§

Telle est la foi de Carrière. J'ai essayé d'indiquer comment et combien elle est corroborée par son œuvre. Et je sais que cette étude reste incomplète. Il eût sans doute été opportun de noter les « manières » successives de l'artiste, de rappeler, par exemple, qu'il ne trouva pas tout de suite le secret de plonger les figures dans les fonds, et de nous faire en chacun de ses tableaux assister à ce que je définissais « la naissance perpétuelle de la vie ». Mais il m'a paru plus utile, plus urgent de résumer l'attitude définitive du génie et de préciser l'exemple qui doit influer sur l'avenir.

Et me reprochera-t-on de n'avoir laissé aucune place à la critique, aux critiques ? Je ne vois point celles qu'on pourrait légitimement faire à Carrière. Les dirais-je si je les voyais ? Une admiration comme celle que je lui voue comporte tant de gratitude !

APPENDICE

I

BIOGRAPHIE SUCCINCTE

Eugène Carrière est né, le 29 janvier 1849, à Gournay (Seine-Inférieure).

Il fait ses premières études artistiques à l'académie de Strasbourg.

En 1868, il est envoyé à Saint-Quentin, mais y reste peu et, dès 1869, entre à l'école des Beaux-Arts (classe Cabanel). Sans fortune, il gagne sa vie en faisant du dessin industriel.

En 1870, il s'engage pour la durée de la guerre; fait prisonnier avec la garnison de Neuf-Brisach, il est interné à Dresde. La paix conclue, il rentre à l'école des Beaux-Arts après un court séjour à Strasbourg parmi les siens.

1877, mariage.

De 1877 à 1878, six mois à Londres.

Au Salon de 1879 il expose *la Jeune mère* qui, remarquée par la critique, date le premier départ de l'artiste vers la gloire. Il est désormais violemment combattu, ardemment défendu.

La même année il prépare le concours pour le prix de Rome et il est classé le premier pour l'esquisse.

Il quitte l'Ecole.

Il obtient en 1884 une mention honorable avec un portrait d'enfant (*l'Enfant au chien*); en 1885, une médaille avec *l'Enfant malade*, qui est acquis par l'Etat.

En 1886, *le Premier voile* (acheté aussi par l'Etat) classe Carrière parmi les maîtres nouveaux. Il est proposé pour une médaille d'honneur en 1889 et décoré.

Dès cet instant, l'artiste, que rien ne distrait plus de sa mission, multiplie les œuvres, qui sont les seuls événements de sa vie.

Il meurt le 27 mars 1906.

II

ESSAI DE NOMENCLATURE DES ŒUVRES PRINCIPALES

Il sera longtemps impossible de faire l'énumération complète des œuvres de Carrière. Un grand nombre d'entre elles sont dans des mains lointaines, de la province et de l'étranger. L'artiste a négligé de tenir état d'une production qui fut incessante et qui est colossale.

La méthode même de travail que lui imposaient son tempérament et la nature de ses recherches compliquera singulièrement la tâche des entrepreneurs de catalogues. Carrière, dans toute une part, et la plus considérable de son œuvre, procède par légers écarts d'un tableau à l'autre comme, pourrait-on dire, à l'intérieur de chaque tableau. Son désir d'exprimer de toutes ses forces les gestes émanant de la tendresse humaine l'a conduit à multiplier les scènes de la vie de famille : *Maternités, Baisers, Intimités.*

Aucun de ces tableaux ne fait double avec aucun autre, mais les sujets sont fatalement identiques, il n'est pas toujours facile d'assigner des dates certaines, et la désignation, par des titres s'il faut varier les indications un peu générales de l'auteur, peut paraître arbitraire, par des numéros, risque d'être fastidieuse. On en dit autant des innombrables *Têtes de femmes*, de *jeunes filles*, et des *Etudes d'enfants*.

Si, par le moyen de la présente publication, nous pouvons obtenir des détenteurs actuels — qu'à l'avance nous remercions (1) — des indications précises, nous serons heureux d'apporter à l'histoire de l'art l'importante contribution d'une définitive nomenclature de l'Œuvre d'Eugène Carrière; ce serait l'honneur d'une ultérieure édition de ce livre.

Il serait prématuré d'y songer dès aujourd'hui.

Nous nous bornerons donc à des indications *principales*, parfois même à des « rubriques », laissées ouvertes comme des cadres vides.

Maternités et Scènes de la vie familiale

La Jeune Mère (1879). — Musée Calvet, Avignon.
Maternité (1892). — Musée national du Luxembourg.
Enfant sur les genoux de sa mère. — Appartient à M. H. Girard.

---

(1) Faut-il ajouter que nous accueillerons avec reconnaissance tous les renseignements que voudront bien nous faire parvenir les personnes informées ?

La Nourrice. — Appartient à M. Léon Manchon.
Mère et Enfant. — Appartient à M. A. Pontremolli.
Maternité. — Appartient à M. H. Devillez.
Le Baiser. — Appartient à Mme Courtier-Dartigues.
Le Sommeil. — Appartient à M. A. Pontremolli.
Mère et Enfant. — Appartient à M. A. Rodin.
La Bouillie. — Appartient à M. G. Manchon.
Après l'Allaitement. — Appartient à M. H. Devillez.
Intimité. — Appartient à M. E. Moreau-Nélaton.
La Famille du Peintre. — Musée national du Luxembourg.
Câlinerie.
Le Petit frère.
Souffrance. — Appartient à M. Alfred Agache.
La Tettée.
La Sœur aînée.
Mère jouant avec son enfant.
Scène de famille.
Le Nouveau-né. — Appartient à M. Camion.
Jeune Mère.
Méditation. — Appartient à M. H. Devillez.
Le Réveil. — Appartient à M. Grünebaum.
Le Sommeil. —   id.
Le Matin. —   id.
Le Baiser. —   id.
Caresse. — Appartient à M. Pierre Caplain.
Baiser du soir.
La Soupe. — Appartient à M. H. Lerolle.
Maternité. — Appartient à M. Auguste Rodin.
La Jeune Mère. — Appartient à M. H. Devillez.
Tendresse. — Appartient à Mme Dumont.
Le Goûter. —   id.
La Dictée. — Appartient à M. P. Gallimard.

Enfant endormi sur les genoux de sa mère. — Appartient à M. Emile Von Hassel.
Femme et Enfant. — Appartient à M. Clemenceau.
Education maternelle. — Appartient à M. O. Saincère.
Tendresse. — Appartient à M. Crouan.
L'Amour maternel.
Le Réveil. — Appartient à M. Bernheim.
Le Sommeil. — Collection Benjamin Constant.
Famille. — Appartient à M. Gillet.
Le Repos. — Appartient à M. Jean Dolent.
Somnolence. —   id.
L'Accouchée. —   id.
Père et enfant. — Appartient à M. Agache.
Chagrin. — Appartient à Mme Chausson.
Mère embrassant son enfant. — Appartient à Mme Camion.
Jeune mère allaitant. — Appartient à M. H. Devillez.
Mère jouant avec son enfant. —   id.
Enfant souffrant. —   id.
Enfants autour d'une table. —   id.
Jeune femme donnant le sein. —   id.
Le Rêve. —   id.
Les Confitures. —   id.
Le Berceau. — Appartient à M. G. Geffroy.
Le Cheval de bois. —   id.
Rêverie. —   id.

Têtes. — L'Etude de la Vie. — Les Nus

Les Dévideuses. — Appartient à M. Buxtorf-Kœchlin.
La Bohémienne. — Appartient à M. A. Pontremolli.
Jeune femme debout.
La Lecture.

Femme à sa toilette (1888.) — Appartient à M. H. Devillez.

Jeune femme devant une psyché. — Appartient à M. Arthur Fontaine.

Rêverie. — Appartient à M. Jean Dolent.

L'Enfant à la collerette. — Appartient à M. Jules Strauss.

Elise riant. — Appartient à M. Jean Dolent.

La Robe neuve.

La Natte.

L'Enfant à la pomme. — Appartient à M. Léon Manchon.

L'Aïeule.

Après le bain. — Appartient à M. H. Devillez.

Femme se peignant.

La Leçon de musique.

Ecoliers écrivant. — Appartient à M. Léon Manchon.

Consolation.

L'Enfant endormi.

Jeune fille à la rose. — Appartient à M. Georges Hentschel.

Femme assise sur un canapé.

La Terrienne.

Femme enlevant son corset.

Jeune femme enlevant sa chemise. — Appartient à M. Gabriel Séailles.

Femme accoudée.

L'Enfant à l'assiette. — Appartient à M. Jean Dolent.

La Femme au bracelet. — Appartient à M. Meixmoron de Dombasle.

Mélancolie. — Appartient à M. Gabriel Séailles.

Jeanne d'Arc. — Appartient à Mme Dumont.

L'Enfant au chien. — Appartient à M. Léon Manchon.

L'Enfant malade. — Appartient à M. Georges Hentschel.
Femme se coiffant.
Jeune femme endormie. — Appartient à M. H. Devillez.
La Famille du Satyre. — Appartient à M· Camion.
L'Enfant au plateau. — Appartient à M. H. Devillez.
Jeune fille souriant. —   *id.*
Femme nue à sa toilette. —   *id.*
Ecolier écrivant. —   *id.*
Jeune femme enlevant sa chemise. —   *id.*
Femme endormie. —   *id.*
La Toilette. —   *id.*
Fleurs dans un vase.—   *id.*
La Toilette. — Appartient à M. Camion.
L'Addition —   *id.*
L'Ecolière.
L'Enterrement.
Femme de dos s'habillant.
L'Enfant au bock.
Femmes drapées.
L'Enfant aux œillets. — Appartient à M. Rosenberg.
Le Premier Voile (1886).— Musée de Toulon.
L'Etude (1899). — Appartient à M. Rosenberg.
L'Etude de la Nature (1903.) — Appartient à M. Jean Dolent.
Femme nue. —   *id.*
Tête d'Enfant. —   *id.*
Fillette tenant un livre. —   *id.*
Après le bain. —   *id.*
Jeune fille se coiffant. — Appartient à M. Manzi.
Femme à sa toilette. —   *id.*
L'Enfant en blanc. — Appartient à M. Pontremolli.
Etude de nu.—   *id.*

L'Enfant malade(1900). — Musée de Montargis.
La Coupe (1890).
Femme nue se peignant. — Appartient à M. G. Séailles.
Deux Affiches pour l'Exposition métallurgique et minière de 1900. Lithographies.
Affiche pour *l'Aurore* (1897). — Lithographie.
Affiche pour l'Exposition d'Auguste Rodin (1900). — Lithographie.
Pour les victimes de la guerre russo-japonaise. — Huile et lithographie.
Et d'innombrables têtes de jeunes femmes, de jeunes filles, de jeunes hommes, d'enfants.

Portraits

Eugène Carrière. Sa Femme. Ses Enfants. — Portraits dont le nombre est inconnu.
Edmond de Goncourt. — Deux portraits, une lithographie.
M. Ménard-Dorian et ses petits-fils.
Mme *Ménard-Dorian.* — Deux portraits.
Mlle *P. Ménard-Dorian.*
Paul Verlaine. — Appartient à M. Jean Dolent. — Huile et lithographie.
Mme *Arthur Fontaine.*
M. Arthur Fontaine et sa fille.
Mlle *Marguerite Séailles.*
M. Gabriel Séailles et sa fille.
M. Jean Dolent et sa fille.
M. Jean Dolent seul. — Deux portraits; une lithographie.
M. Henri Rochefort. — Deux portraits; une lithographie.

M. H. Devillez et sa mère.
M. H. Devillez seul.
M. Roger Marx.
M. A. Berton.
*M*me *P. Gallimard* (1889).
M. Paul Gallimard.
Les Enfants de M. Paul Gallimard.
Alphonse Daudet. — Deux portraits ; une lithographie.
Blanqui. — Appartient à M. Gustave Geffroy.
*M*me *Geffroy.* — Deux portraits.
M. Gustave Geffroy. — Deux portraits.
M. Léon Manchon.
*M*me *Dumont.*
Albert Samain sur son lit de mort. — Appartient à M. Raymond Bonheur.
M. Raymond Bonheur.
M. Camille de Vercy.
M. G. Picquart.
M. Charles Morice. — Deux portraits.
M. J. Ajalbert.
M. Arsène Alexandre.
M. Artopéus.
*M*me *Camion.*
*M*me *Caplain et sa petite-fille* (1898).
M. Ernest Carrière.
M. Camille Carrière.
La famille Chausson.
*M*lle *Etiennette Chausson.*
M. P. Chevalier.
*M*me *Courtier-d'Artigues.*
*M*lle *Courtier-d'Artigues.*
M. Anatole France.
M. Frantz Jourdain.

Les Enfants de M. Frantz Jourdain.
M. Grünebaum.
Mme Grünebaum.
M. Maurice Hamel.
Mme Keyzer.
M. Lacarrière.
M. Camille Lefèvre.
M. H. Lerolle. — Deux portraits.
M. et Mlle C. Leroux.
M. Musset.
Puvis de Chavannes. — Huile et lithographie.
M. Auguste Rodin. — Huile et lithographie.
Mme Stern.
Jules Valadon.
Elisée Reclus.
M. Metchnikoff.

Paysages (par séries)

Paysages de l'Orne.
Le Calvaire, paysage breton.
Paysages des Pyrénées.
A Magny.
En Suisse.
Aux bords de la Marne.
En Bretagne.
La place Clichy, le soir.

Grandes Compositions décoratives

Les Théâtres populaires. — Appartient à M. Gallimard.

Les Sciences. — Douze écoinçons, à l'Hôtel-de-Ville de Paris.
Les Fiancés.
Les Quatre Ages. — Décoration pour la mairie du XIIe arrondissement.
Le Christ. — Musée national du Luxembourg.
La Vue de Paris.

Nous répétons que ces indications, si vagues, ne donnent de l'œuvre de Carrière qu'une idée infiniment imparfaite; ce sont à peine des éléments premiers, à vérifier, à classer, à compléter, en vue d'un catalogue définitif.

TABLE

AVANT-PROPOS 5
L'HOMME ET SA PENSÉE 9
L'ARTISTE ET SON ŒUVRE 91
CONCLUSIONS 215

Appendice. — I. *Biographie succincte*.... 241
  II. *Essai de Nomenclature des Œuvres principales*.... 243

ACHEVÉ D'IMPRIMER

le quinze novembre mil neuf cent six

PAR

BLAIS ET ROY

A POITIERS

pour le

MERCVRE

DE

FRANCE

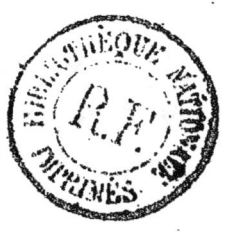

www.ingramcontent.com/pod-product-compliance
Lightning Source LLC
Chambersburg PA
CBHW052245220526
45471CB00001B/198